Karola Amberger

Schreiblehrgang: Buchstaben und Wörter – Sekundarstufe I

Grundlegende Übungen zum Erwerb der Schriftsprache – für Seiteneinsteiger ohne Deutschkenntnisse

Die Autorin Karola Amberger ist eine erfahrene Lehrerin und Erzieherin aus Bayern.

Gedruckt auf umweltbewusst gefertigtem, chlorfrei gebleichtem und alterungsbeständigem Papier.

1. Auflage 2016

Cover-Foto: © Christian Schwier – Fotolia.com
Satz: Verlags- und Medienservice dtp-design, Ebsdorfergrund

ISBN: 978-3-403-23698-6

www.persen.de

Inhalt

Einleitung		4
	DaZ-Inhalte als Anknüpfungspunkte zur Weiterarbeit	
A a	Arbeit mit dem Wörterbuch, Grußformen	6
M m	Wochentage, Flächenformen	8
I i	Pronomen *ich*, Stiftarten	10
U u	Einzahl, Mehrzahl, Konjunktion *und*	12
O o	Fragewort *Wo?*	14
E e	Essen, Arbeit mit dem Wörterbuch	16
D d	Wochentage, Artikel (*der, die, das*)	18
R r	Farben	20
S s	Wochentage, Fragewort *Was?*	22
T t	Verben	24
K k	Farben	26
B b	Verben und Silben	28
F f	Verben und Silben	30
G g	Adjektive und das Gegenteil	32
P p	Comic-Pizza	34
N n	Wörterschlangen, Wortgrenzen	36
H h	Reimwörter, Comic-Handy	38
C c	Abkürzungen *ct, cm, ca.*	40
J j	*Ja* oder *nein? / Jeder, jede*	42
L l	Wörter nach dem ABC ordnen	44
Qu qu	Wiederholung	46
V v	Vorsilben *ver-... / vor-...*	48
W w	Wörter erkennen und richtig schreiben	50
X x	Abkürzungen für Kleidergrößen	52
Y y	Geometrische Körperformen	54
Z z	Zahlwörter	56
ß	Arbeit mit dem Wörterbuch	58
ch	Wortarten	59
st/sp	Merkregel	60
ei	*ein* als unbestimmter Artikel	61
au	Wortarten	62
sch	Wo höre ich den Laut *sch*?	63
eu	Euro – unser Geld	64
ä, ö und ü	Mehrzahl bilden	65

Wortschatztest 1: Aa, Mm, Ii, Uu, Oo, Ee, Dd, Rr, Ss, Tt, Kk ... 66
Wortschatztest 2: Bb, Ff, Gg, Pp, Nn, Hh, Cc, Jj, Ll, Ququ ... 67
Wortschatztest 3: Vv, Ww, Xx, Yy, Zz ... 68
Wortschatztest 4: ß, ch, st/sp, ei, au, sch, eu, ä, ö und ü ... 69
Überblick über die Buchstaben in Druckschrift mit Schreibrichtung ... 70
Lineatur ... 71
Bildnachweis ... 72

Einleitung

Hinweise zum Umgang mit dem Material

Nach mehrjährigen Erfahrungen im Unterrichten von Kindern mit Migrationshintergrund und Fluchterfahrungen kam bei mir und auch bei meinen Kollegen immer wieder die Frage auf: Wie beginne ich die Förderung von Schülern, die nicht in der deutschen Sprache alphabetisiert sind bzw. unsere Schriftzeichen nicht beherrschen – aber bereits grafomotorische Erfahrungen in ihrer Muttersprache gemacht haben?

Es existieren viele Schreiblehrgänge an Grundschulen, es gibt aber nur wenig Material für die Sekundarstufe I.
Um hier Abhilfe zu schaffen, ist dieser Schreiblehrgang konzipiert worden. Zielgruppe sind in erster Linie die Schüler mit Deutsch als Zweitsprache, die in ihrem Heimatland andere Schriftzeichen erlernt haben und demzufolge bereits Schreiberfahrungen vorweisen können.

Der Lehrgang kann sehr flexibel, in allen Klassenstufen eingesetzt werden. Er ist zudem konzeptionell so angelegt, dass die Schüler Möglichkeiten bekommen, sehr schnell aktiv tätig zu werden, da die Erfahrungen im Schulalltag belegen, dass die Seiteneinsteiger möglichst schnell unsere Schrift erlernen müssen, um den Anschluss in der Regelklasse nicht zu verlieren.

Als weiteres wichtiges Kennzeichen dieses Schreiblehrgangs ist die Einbindung der Muttersprache als Wertschätzung der Herkunft und Persönlichkeit des Kindes zu sehen. Die Muttersprache soll dabei als Brücke dienen, um neue Wörter in der deutschen Sprache leichter verstehen und sprechen zu können.

Folgende Kompetenzerwartungen sind durch den Schreiblehrgang abgedeckt:
Die Schülerinnen und Schüler …

- bekommen Hilfestellungen auf den Weg zu einer leserlichen Schrift in der deutschen Sprache
- halten die Schreibrichtung von links nach rechts ein
- erkennen Anlaute und bringen diese in Verbindung mit den Schriftzeichen
- setzen Buchstaben, Silben und Wörter zusammen
- ordnen Bilder zu Wörter und verschriften diese in deutscher Sprache und in ihrer Muttersprache
- erlernen und erweitern den Wortschatz in der deutschen Sprache
- erhalten erste grammatikalische Grundbegriffe (z. B. Unterscheidung in Wortarten)
- gestalten erste kommunikative Standartsituationen (Begrüßung …)

Es wurde für diesen Schreiblehrgang nur die Druckschrift gewählt, da das Erlernen einer zweiten Schrift (in der Regel eine Schreibschrift) die Schüler vor eine große Herausforderung stellt und diese dadurch oftmals überfordert sind. Außerdem entwickelt ein Großteil aller Schüler im Laufe ihrer Schulzeit ihre eigene Handschrift, bei der die Druckschrift häufig wieder Verwendung findet.

Zu jedem Buchstaben gibt es zwei Arbeitsblätter, bei den Buchstabenverbindungen ist es jeweils ein Arbeitsblatt.

Auf dem **Arbeitsblatt 1** werden folgende Übungsmöglichkeiten angeboten:

- erstes freies Nachspuren der Buchstaben/Anlaute
- das Schreiben in Lineaturen und z. T. auf Schreiblinien
- Lautbilder zu den Buchstaben, um die Buchstaben-Lautverbindung zu visualisieren und thematisieren

Durch wiederkehrende Übungsformate ist ein weitgehend selbstständiges Arbeiten mit den Arbeitsblättern zu erwarten. Als Sicherung bietet sich an, den Schülern die Übungen zusätzlich in ein Heft schreiben zu lassen. Sollten Sie dazu noch eine Lineatur-Blankovorlage benötigen, finden Sie diese auf Seite 71.

Das **Arbeitsblatt 2** bietet weiteres Übungsmaterial, das zur Weiterarbeit anregen soll (bitte sehen Sie dazu auch die entsprechenden Hinweise im Inhaltsverzeichnis). Es handelt sich um Wortschatzarbeit und ein erstes Heranführen an grammatikalische Inhalte mit einem sich steigernden Schwierigkeitsgrad. Dieser Teil ist nicht als systematisches Übungsmaterial mit Lehrgangscharakter zu verstehen, sondern will Ideen für weitere DaZ-Inhalte liefern, deren Bearbeitung durch die Lehrkraft gelenkt werden sollte.

Um den Lernzuwachs der Schüler zu dokumentieren, finden sich im letzten Abschnitt des Schreiblehrgangs kurze Wortschatztests (Seite 66 ff.). Ziel ist dabei, die Kinder mit Migrationshintergrund an schriftliche Leistungsmessungen heranzuführen und ihnen gleichzeitig Rückmeldung über ihren Lernfortschritt zu geben.

Name: ______________________ **Datum:** ______________________

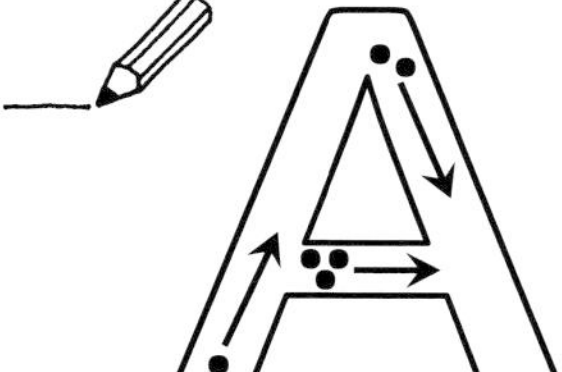 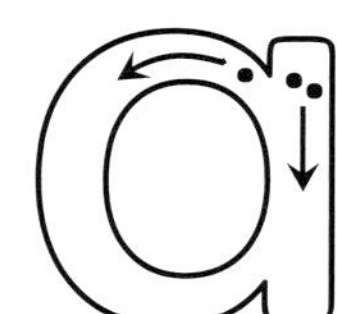 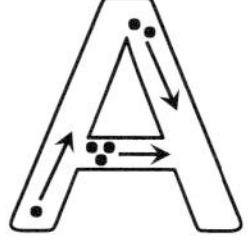 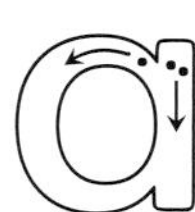 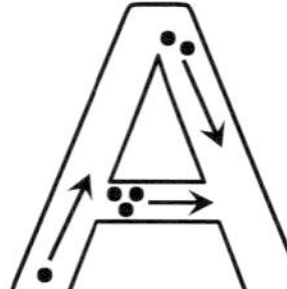 

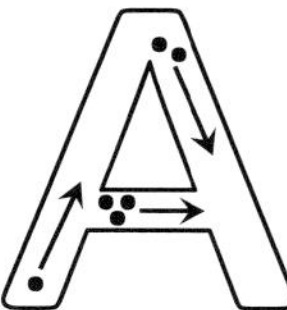 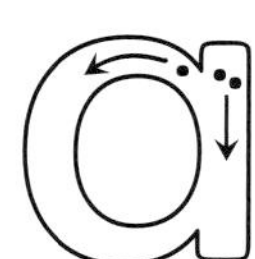 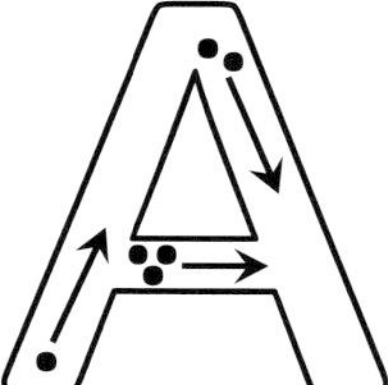 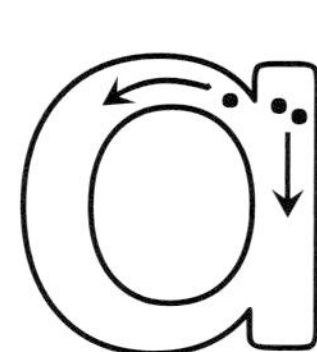 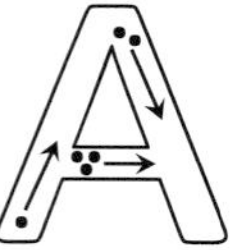 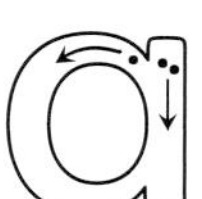

A A A

a a a

Am Am

am am

 **Sprich deutlich und spure A a in den Wörtern nach.**

 **Apfel**

____
Muttersprache

 **Ananas**

____
Muttersprache

 **Ampel**

____
Muttersprache

8 **acht**

____
Muttersprache

A A A

a a a

Am Am

am am

Schreibe deinen Namen.

Suche aus dem Wörterbuch Wörter mit A a.

Das lerne ich auf Deutsch:

Guten Morgen!

Auf Wiedersehen!

In meiner Muttersprache:

Name: ______________________ **Datum:** ______________________

M m M m

M m M m

M m

M M M

m m m

Mama

am am

Sprich deutlich und spure M m in den Wörtern nach.

Milch

Marmelade

Muttersprache

Muttersprache

Musik

Messer

Muttersprache

Muttersprache

M M M

m m m

Mama

am am

m M m M m

Fülle den Kreis mit M
und das Dreieck mit m!

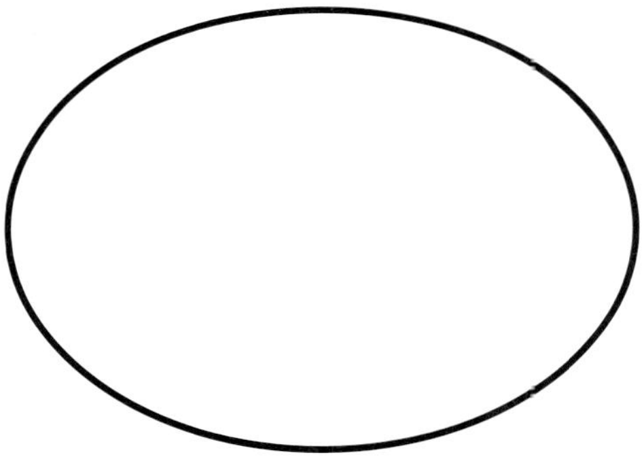

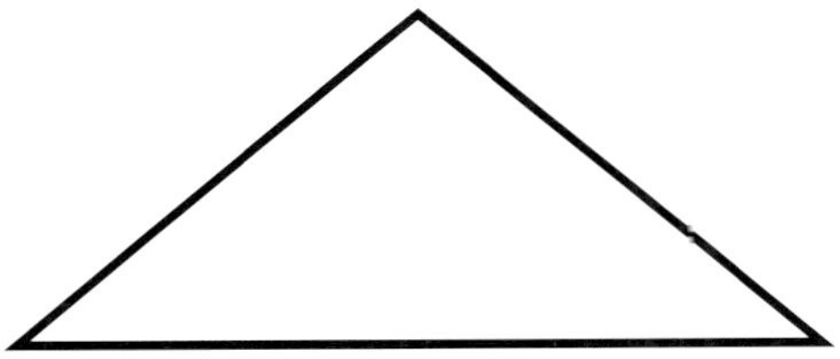

Ein Wochentag mit M: Montag

Montag

Montag

Montag

Muttersprache:

Wie heißt das?

Wie heißt du?
Ich heiße …

In meiner Muttersprache:

Name: ______________________ **Datum:** ______________________

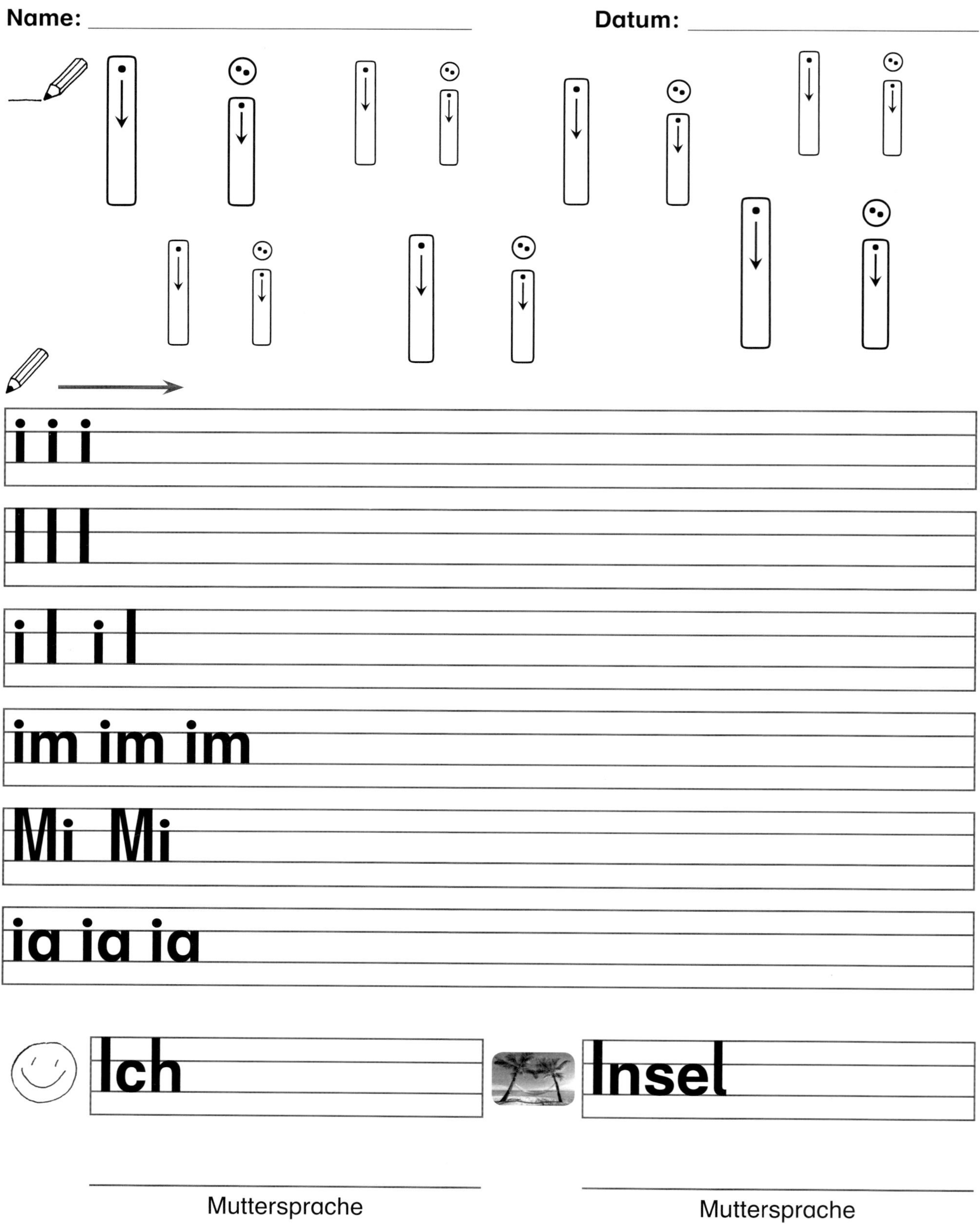

Muttersprache

Muttersprache

Der Stift ist im Federmäppchen.

In meiner Muttersprache:

Karola Amberger: Schreiblehrgang: Buchstaben und Wörter – Sekundarstufe I

I i I

im im

Mimi

Mami

Meine Stifte: **Male mit deinen Stiften.**

Bleistift 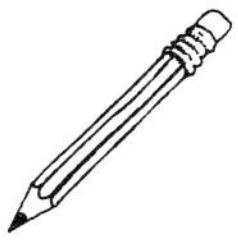 **Farbstift** 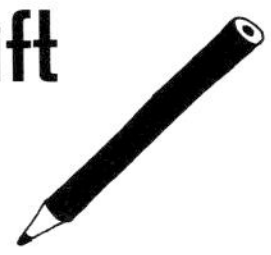 **Filzstift** 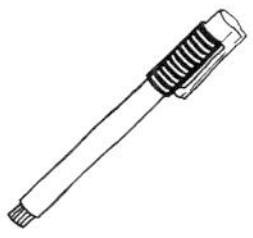 **Füller**

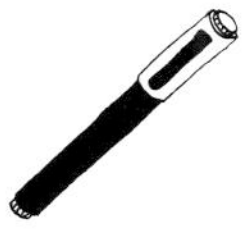

Muttersprache Muttersprache Muttersprache Muttersprache

Wir wiederholen: 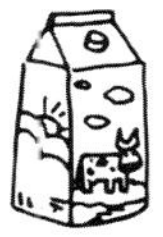 ilch 8 cht

Ich möchte
bitte mitspielen.

In meiner Muttersprache:

Name: ______________________ **Datum:** ______________________

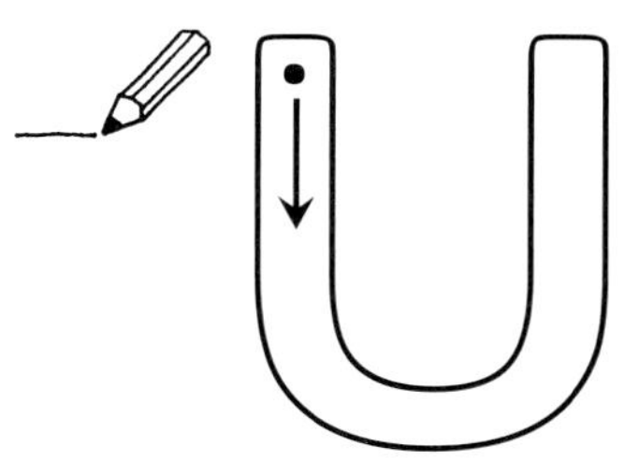
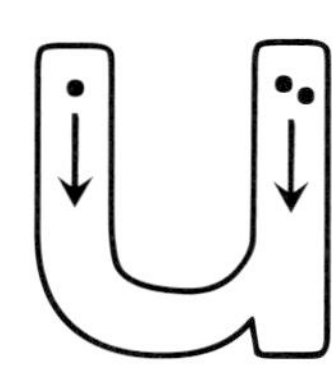
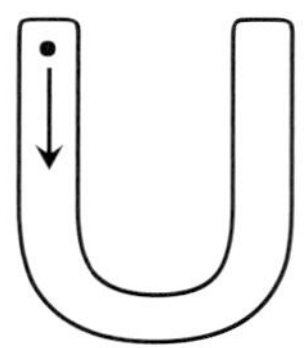
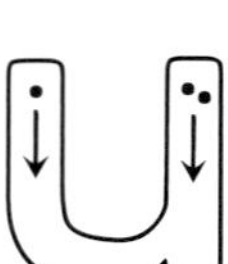
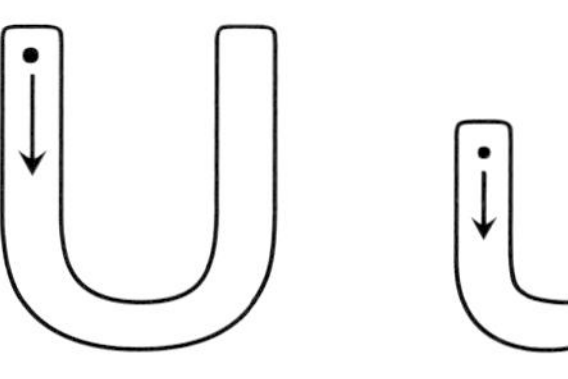
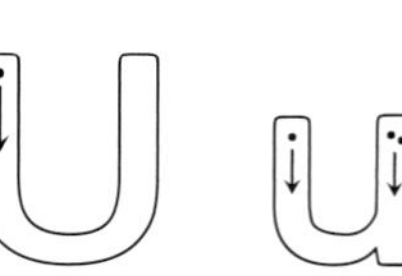
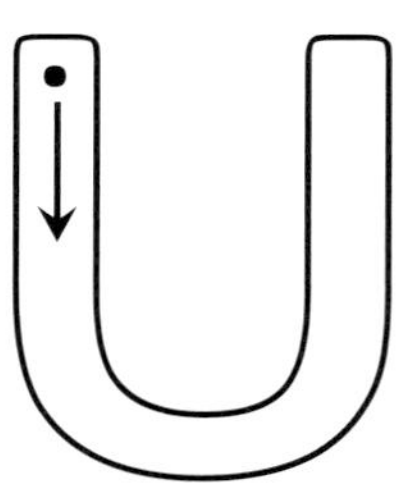
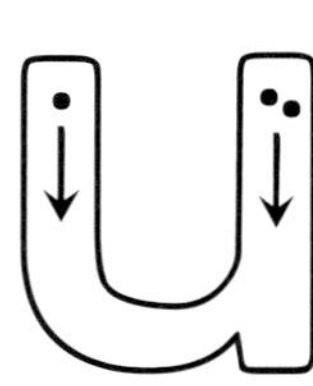

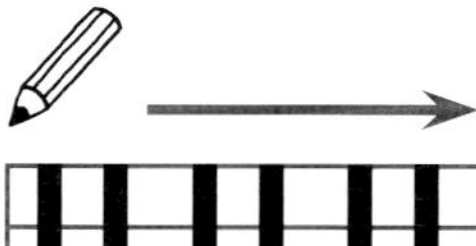

U U U

u u u

um um

mu mu

im

am

eine Uhr

viele Uhren

Muttersprache

Muttersprache

Schreibe wie auf der Vorderseite in die Zeilen: →

Wir wiederholen: 8

Das Wort „und“

Sprechen und setze das Wörtchen „und“ ein.

der

1 + 2 = 3

schreiben

rechnen

Apfel

Birne

Tisch

Stuhl

Finde eigene Beispiele in deiner Muttersprache:

Name: ______________________ **Datum:** ______________________

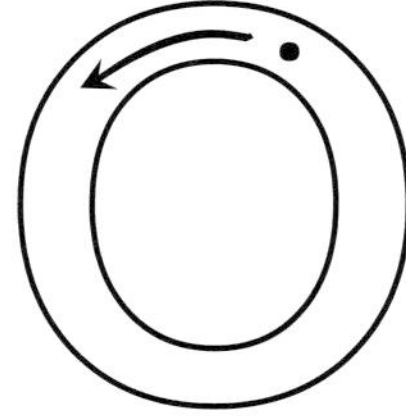 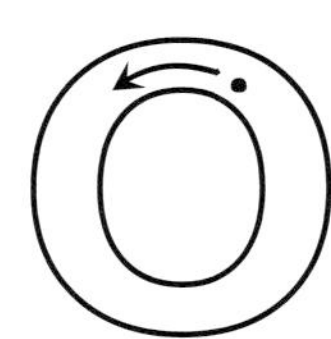 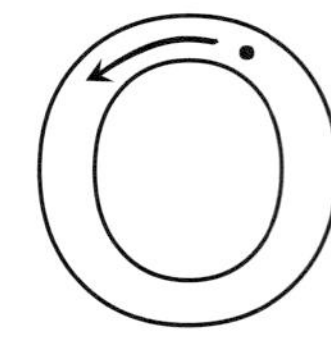 

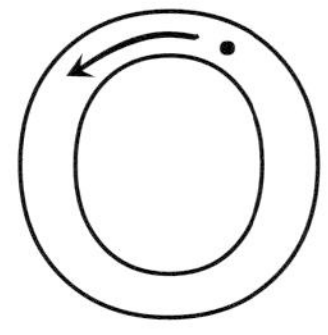  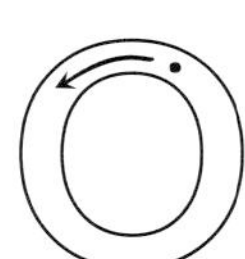  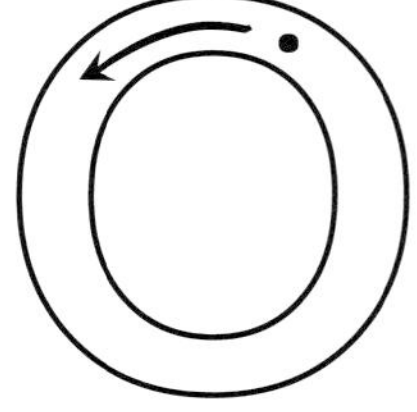 

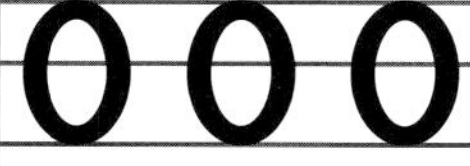

oi oi

Omi

mo

o O o

ein Ohr 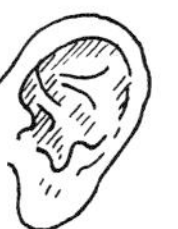

zwei Ohren  

____
Muttersprache

____
Muttersprache

Schreibe wie auf der Vorderseite in die Zeilen: →

Wir wiederholen: esser

Fragewort: Wo?

Schreibe die Frage noch einmal in die Zeile.

Wo ist der Stift?

So schreibe ich die Frage in meiner Muttersprache.

Wo ist die Uhr?

So schreibe ich die Frage in meiner Muttersprache.

Name: ______________________ **Datum:** ______________________

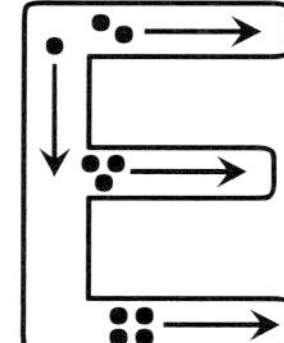

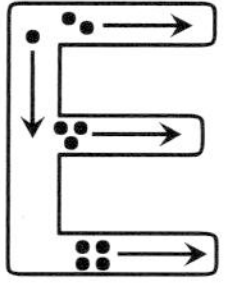

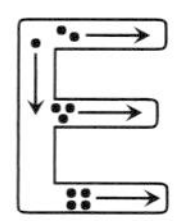

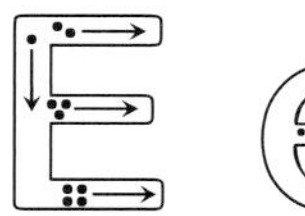
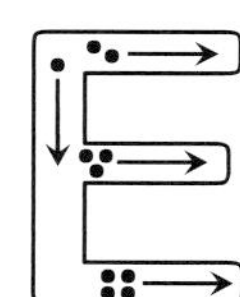

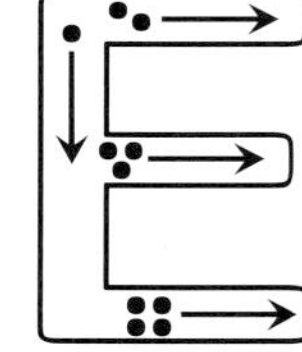

E E E

Emi

Emma

e e e

e e

Emu

Essen

Erbse

Muttersprache

Muttersprache

Mein Lieblingsessen ist:

In meiner Muttersprache:

e e
E E
Emma
e E e E e
Suche aus dem Wörterbuch Wörter mit E e:
11 elf
Erdbeere
Muttersprache
Muttersprache
Das lerne ich auf Deutsch:
Ich mag gern ...!
Ich esse gern ...!
In meiner Muttersprache:

Name: ____________________ **Datum:** ____________________

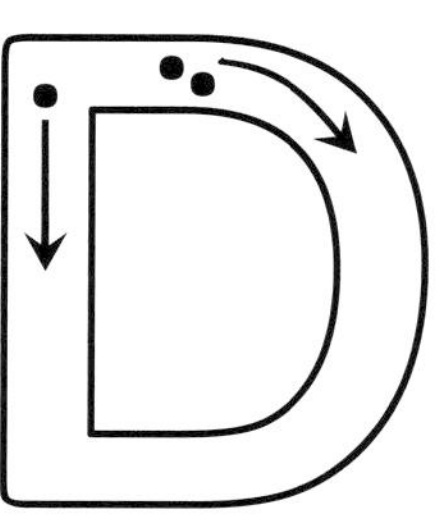

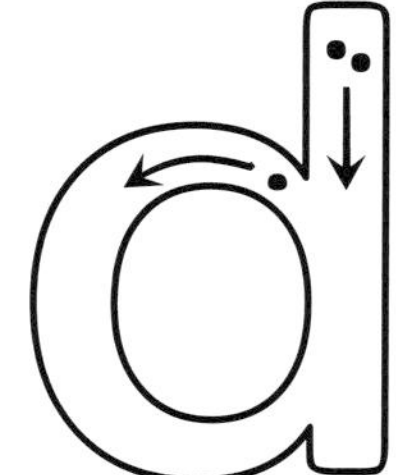

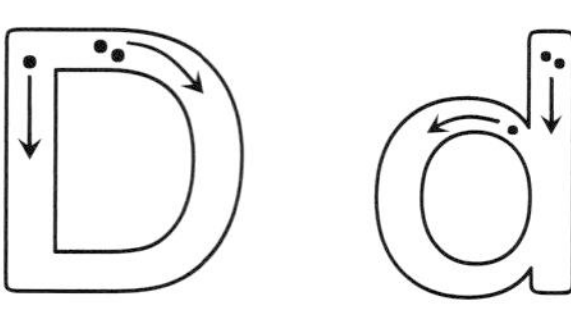

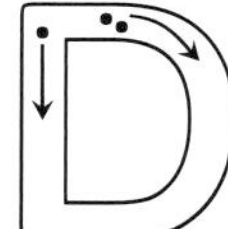

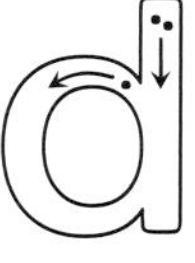

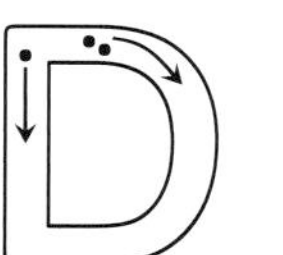

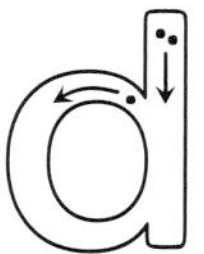

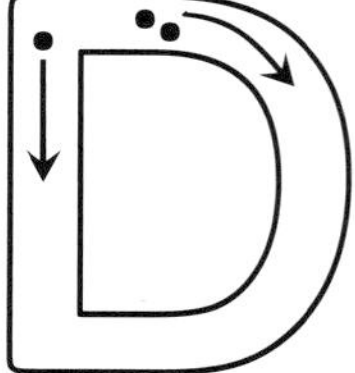

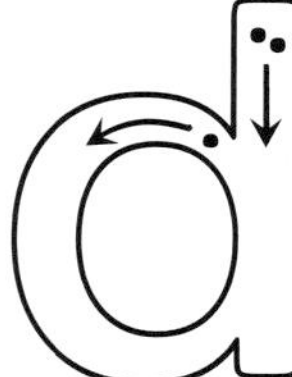

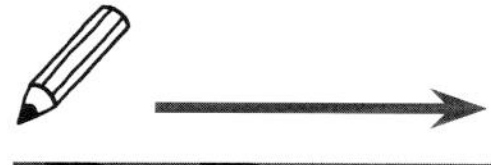

D D

d d d

De De

de de

Wochentage mit D

Donnerstag

Muttersprache

Dienstag

Muttersprache

3 drei

Muttersprache

danke

Muttersprache

Karola Amberger: Schreiblehrgang: Buchstaben und Wörter – Sekundarstufe I

d d

D D

die

das

der

Der

Die

Das

Die Begleiter der, die, das

das

die

der

der

das

das

Name: ______________________ Datum: ______________________

R r R r R r R r R r R r

R R

r r r

Re Ri Re

ro ro

Sprich deutlich und spure R r in den Wörtern nach.

Regen

Muttersprache

Rock

Muttersprache

Radio

Muttersprache

rufen

Muttersprache

Karola Amberger: Schreiblehrgang: Buchstaben und Wörter – Sekundarstufe I

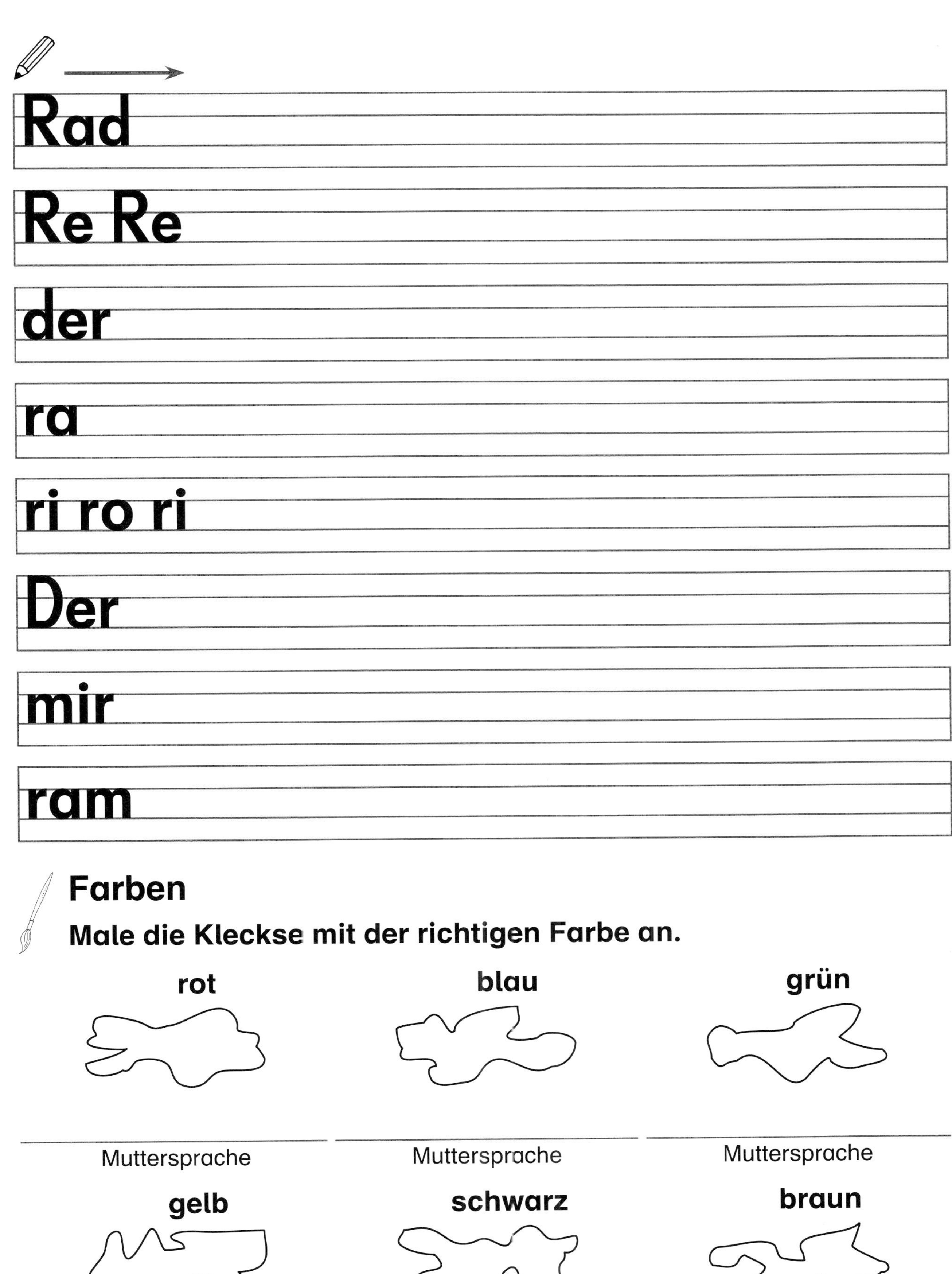

Muttersprache

Muttersprache

Muttersprache

Name: ____________________ **Datum:** ____________________

S s S s S s S s S s S s

S s

s s s

summm summm

sie sie

so so

Salat

Sonne

Muttersprache

Muttersprache

Wochentage mit S

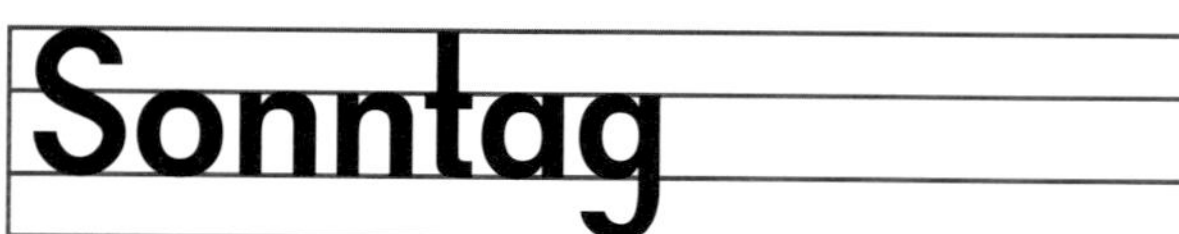

Muttersprache

Muttersprache

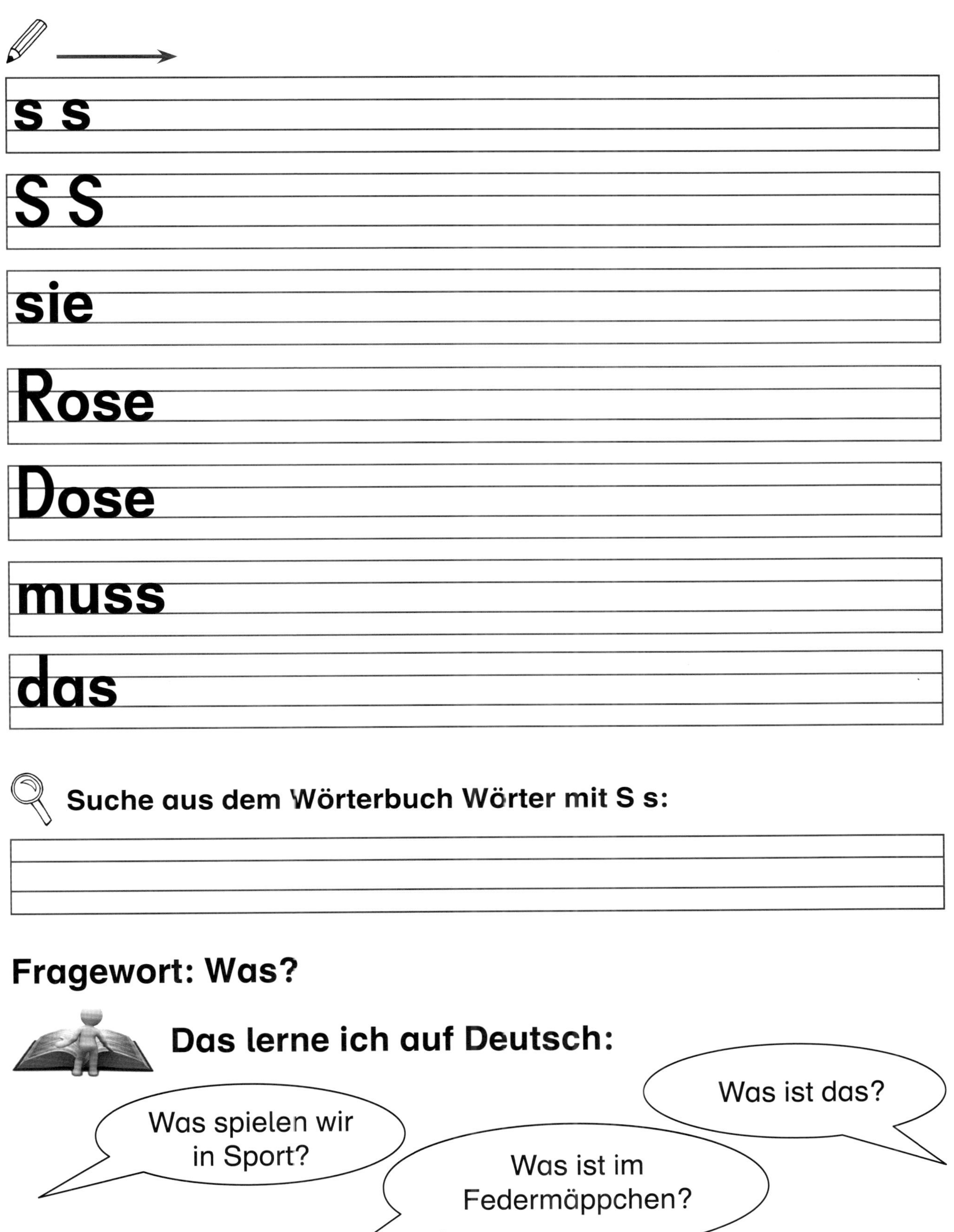

Fragewort: Was?

Das lerne ich auf Deutsch:

Was ist das?

Was spielen wir in Sport?

Was ist im Federmäppchen?

In meiner Muttersprache:

Name: ____________________ **Datum:** ____________________

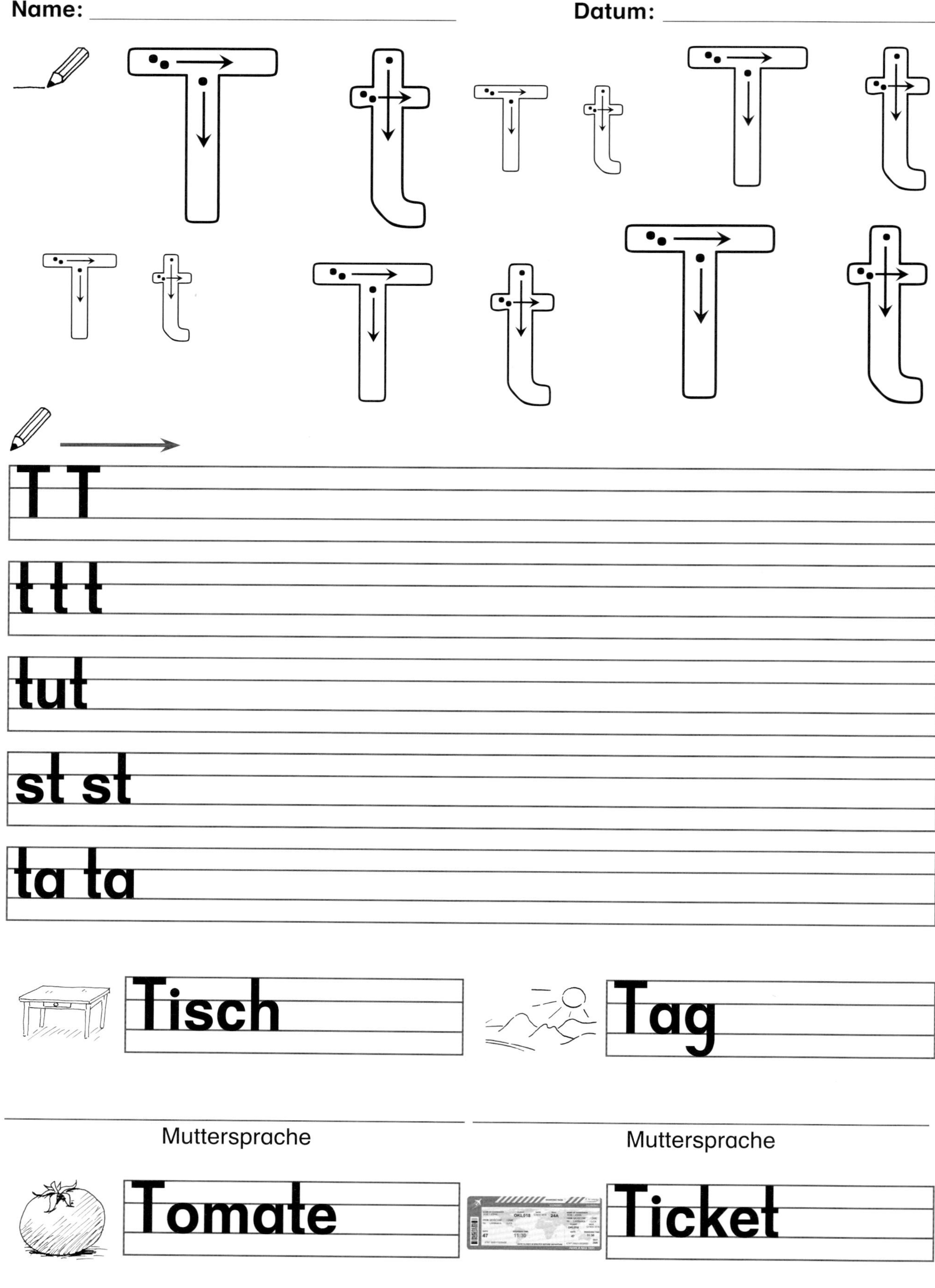

Muttersprache

Muttersprache

Muttersprache

Muttersprache

Tunwörter

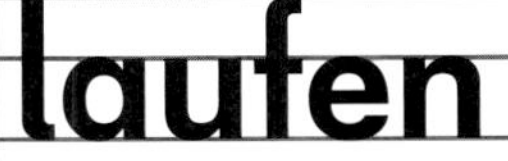

Muttersprache

Muttersprache

schreiben

Muttersprache

springen

Muttersprache

gehen

Muttersprache

Name: ______________________ **Datum:** ______________________

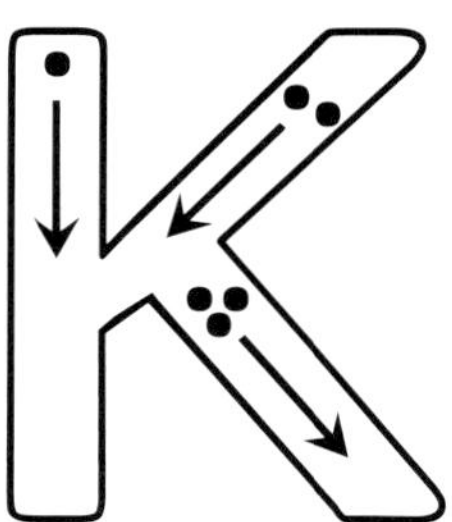
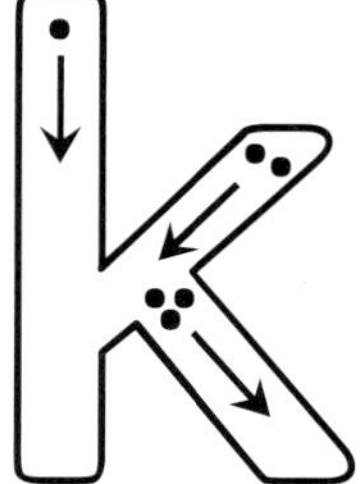
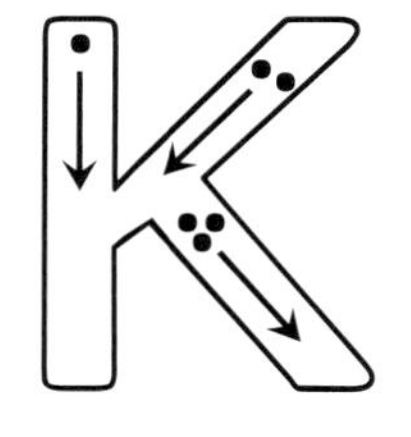
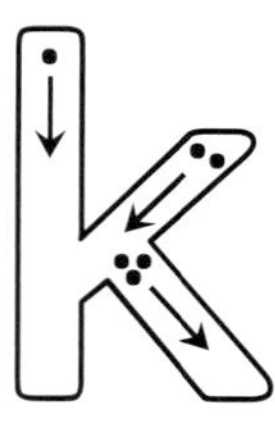

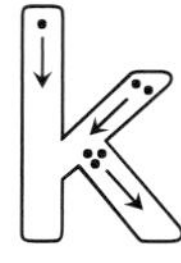
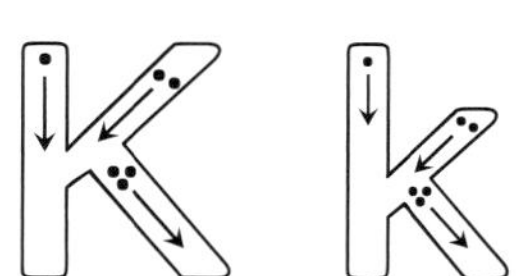
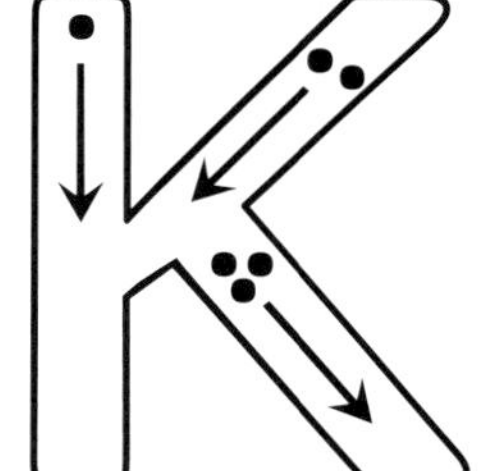
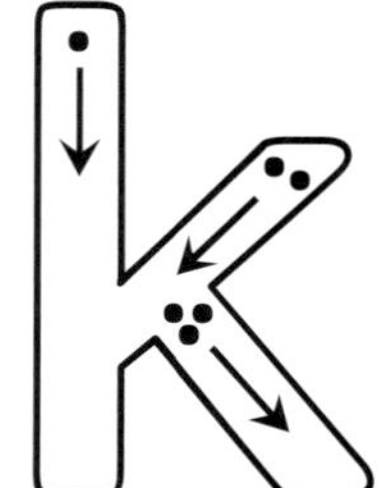

K K

k k k

Ko Ko

ki ki

ka ka

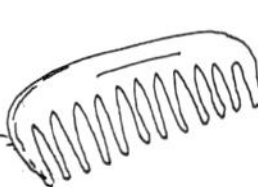
Kamm

Kleid

Muttersprache

Muttersprache

kaufen

krank

Muttersprache

Muttersprache

Karola Amberger: Schreiblehrgang: Buchstaben und Wörter – Sekundarstufe I

Schreibe in die Zeile: ⟶

die Katze

das Kleid

klein

krank

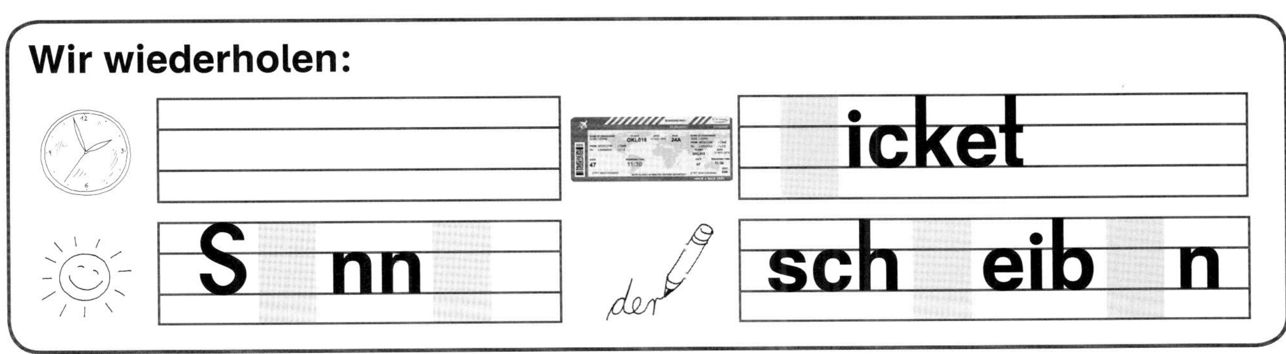

Wir wiederholen:

icket

S nn

sch eib n

Male aus:

blau

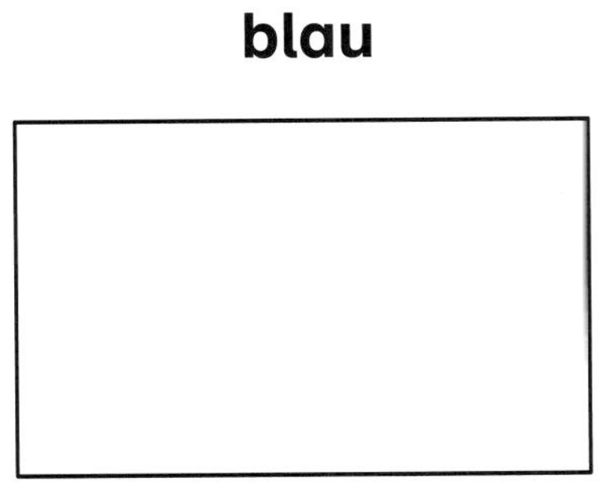

grün

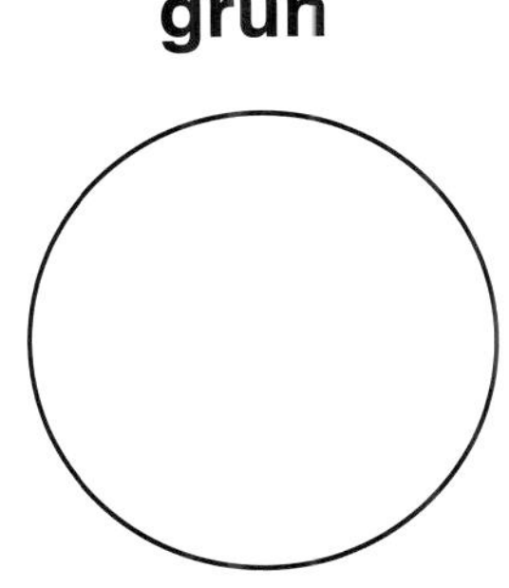

rot

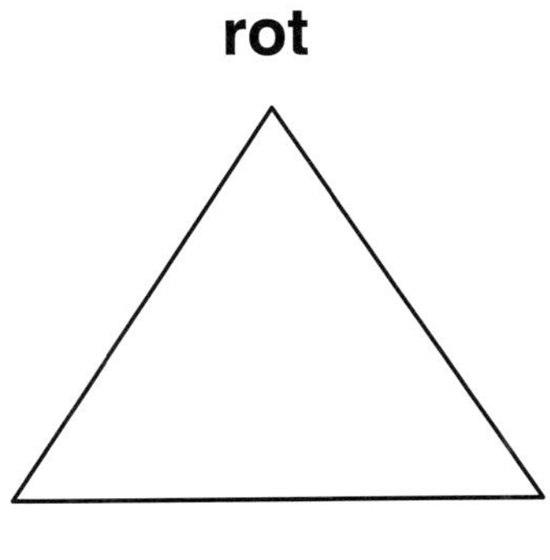

gelb

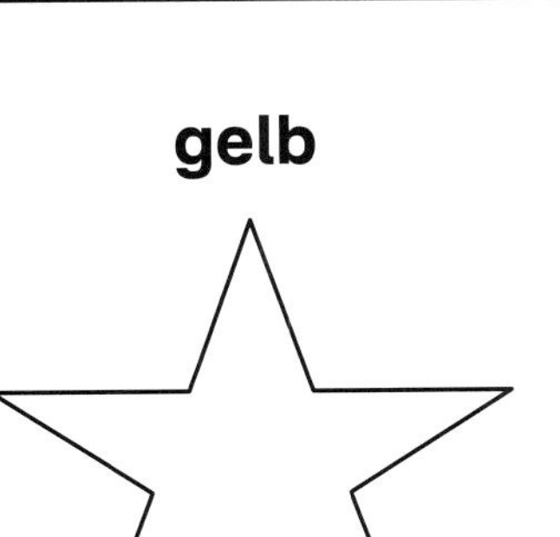

schwarz

braun

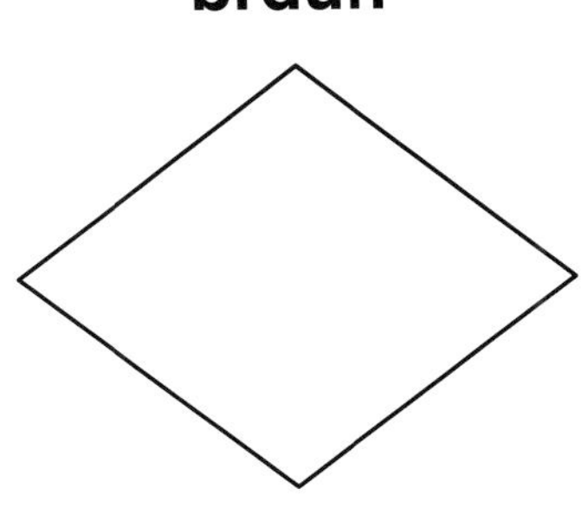

Name: ______________________ **Datum:** ______________________

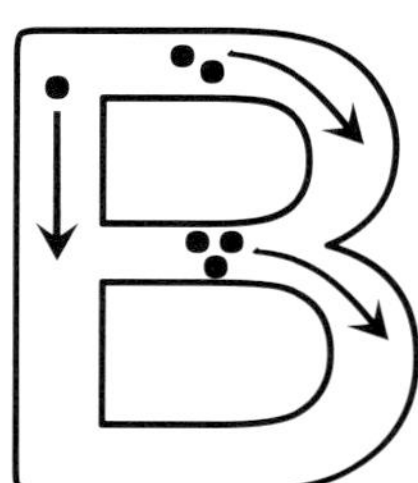
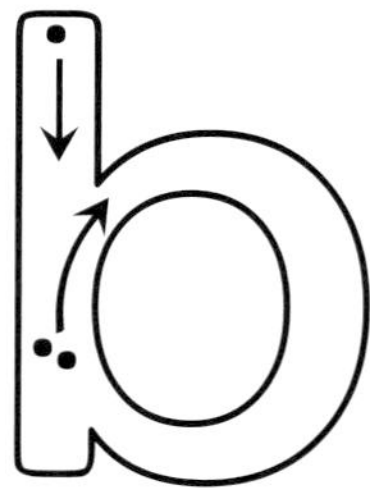
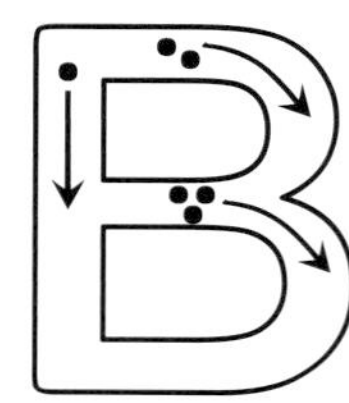
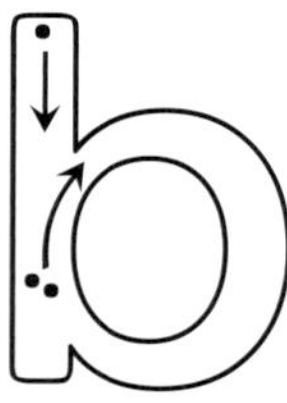
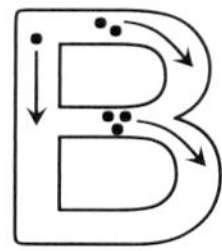

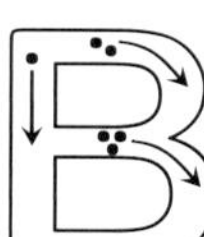
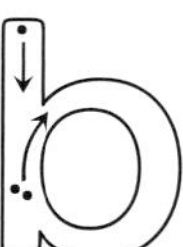
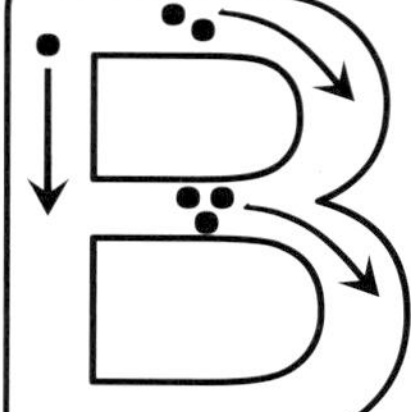
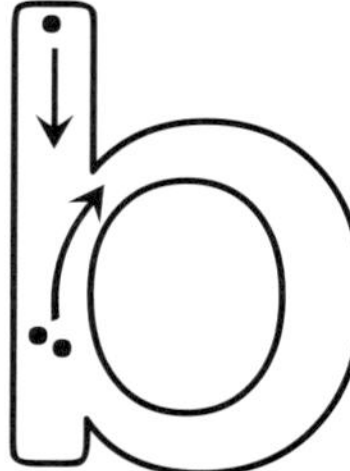

B B

b b

Bi Ba Bi Ba

bis bis

b B b B

Brot

Ball

Muttersprache

Muttersprache

Besteck

Birne

Muttersprache

Muttersprache

B b B b

das Buch

das Bild

der Ball

bei

das Brot

Tunwörter mit b

bezahlen ______ Muttersprache

baden ______ Muttersprache

bringen ______ Muttersprache

Verbinde die Silben.

ba cken
ba gen
brin den

Schreibe die Wörter richtig auf.

schrei nen
mal ben
ler en

Name: __________ **Datum:** __________

F f F f

F f F f F f

F F

f f

Fi Fa Fi Fa

fu fi fu fi

F f F f

Fuß

Fisch

Muttersprache

Muttersprache

Filzstift

Fernseher

Muttersprache

Muttersprache

Karola Amberger: Schreiblehrgang: Buchstaben und Wörter – Sekundarstufe I

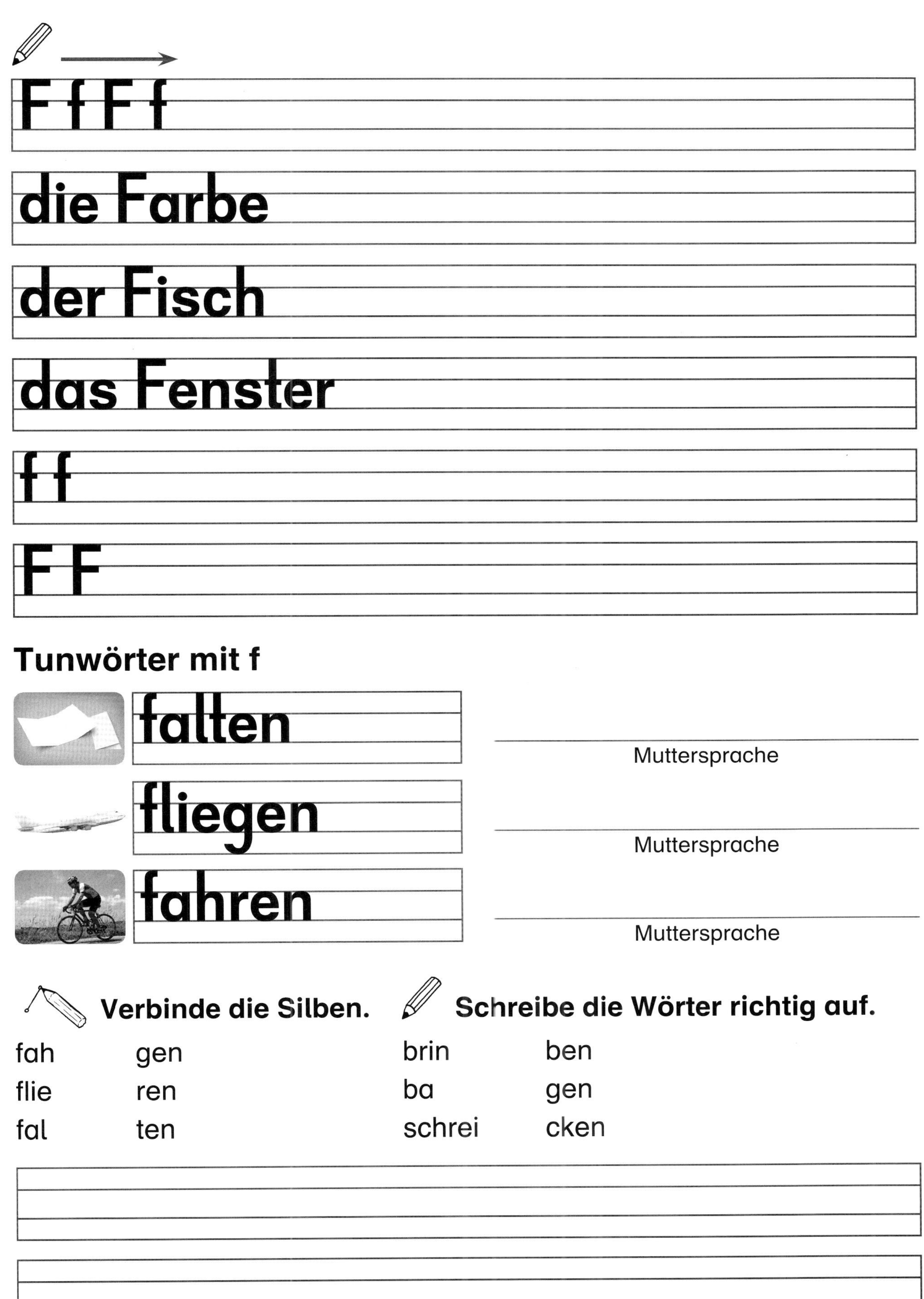

Tunwörter mit f

Muttersprache

Muttersprache

Muttersprache

Verbinde die Silben.

fah gen
flie ren
fal ten

Schreibe die Wörter richtig auf.

brin ben
ba gen
schrei cken

Name: ______________________ **Datum:** ______________________

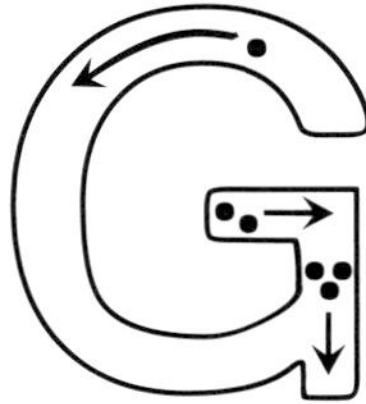
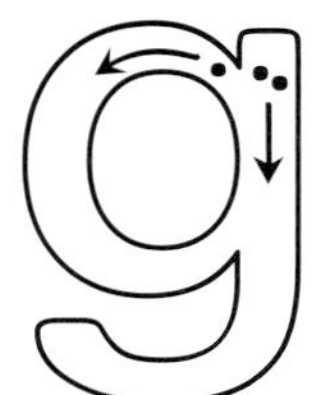

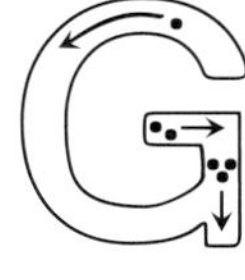

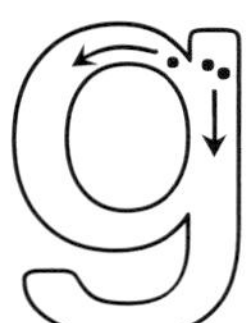
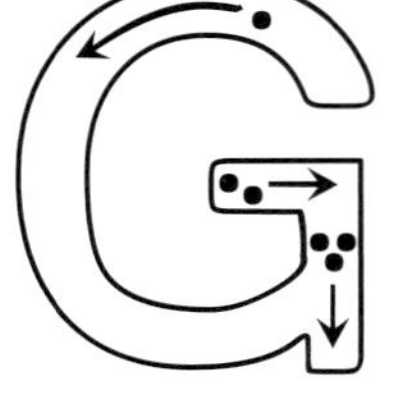
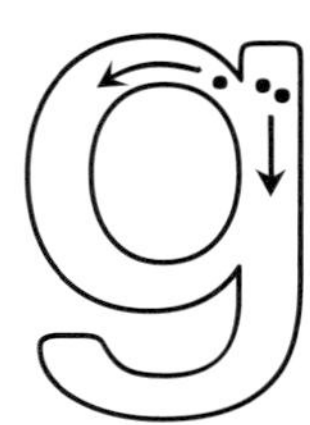
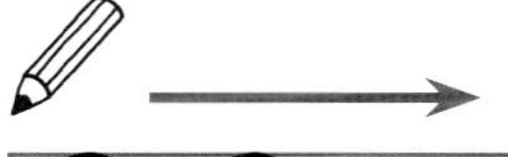

G G

g g g

Gi Ga Gi Ga

gu gi gu gi

G g G g

Garten

Muttersprache

Gabel

Muttersprache

gehen

Muttersprache

grüßen

Muttersprache

Karola Amberger: Schreiblehrgang: Buchstaben und Wörter – Sekundarstufe I

G g G

der Garten

die Gabel

g g

G G

Wiewörter

Schreibe das Wort noch einmal in die Zeile.

gesund

Muttersprache

krank

Muttersprache

gut

Muttersprache

böse

Muttersprache

Wir wiederholen die Farben:

grün

Male das Dreieck grün aus.

blau

Male den Kreis blau aus.

gelb

Male das Viereck gelb aus.

Name: ______________________ **Datum:** ______________________

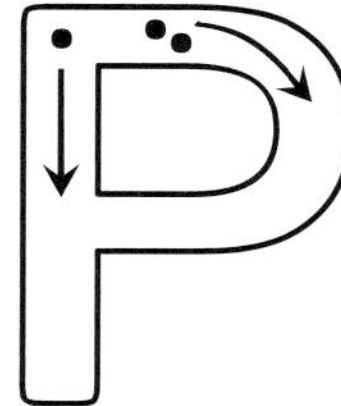
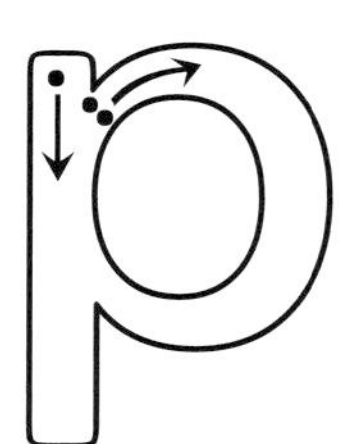
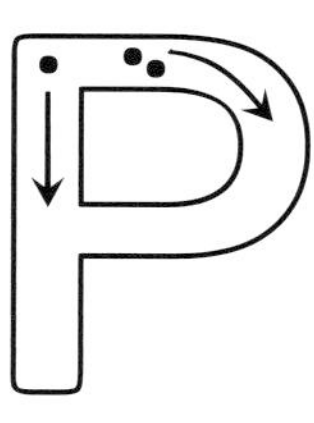
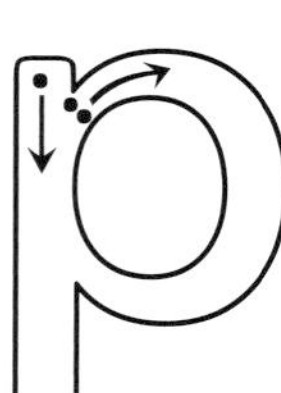
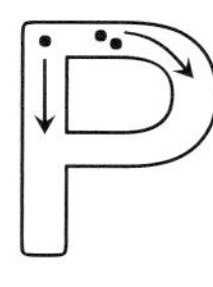
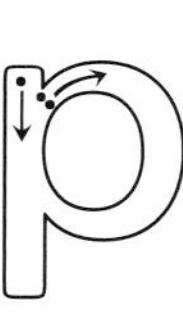
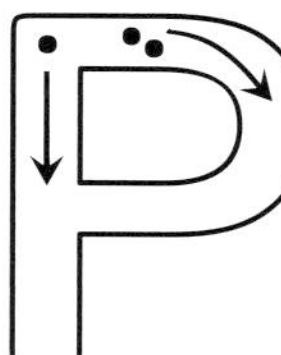
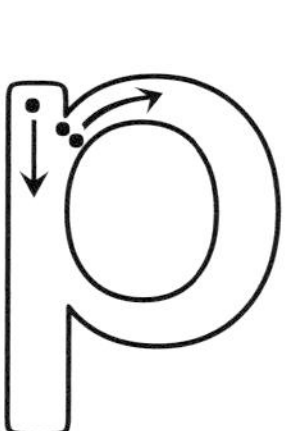
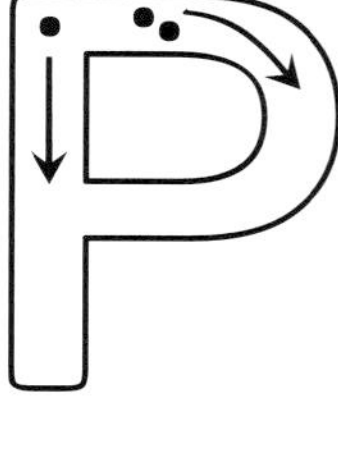
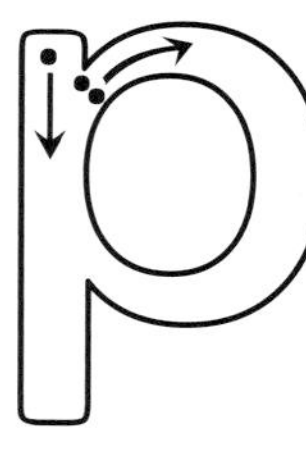

P P P

p p

Pa Pu Pa

pi pe pi pe

P p P p

 Perlen

Muttersprache

 Papier

Muttersprache

 Pinsel

Muttersprache

 Partner

Muttersprache

P p P p

das Papier

die Pizza

der Partner

die Perle

Das lerne ich auf Deutsch:

Name: ______________________ **Datum:** ______________________

N n N n N n N n N n

NNN

nn

no ni no ni

Ne Na Ne

N n N n

Nase

Nacht

____
Muttersprache

____
Muttersprache

nein

Name

____
Muttersprache

____
Muttersprache

Mein Name ist: ______________________

Karola Amberger: Schreiblehrgang: Buchstaben und Wörter – Sekundarstufe I

Schreibe wie auf der Vorderseite in die Zeilen: →

Wörterschlangen

Suche in den Wörterschlangen Wörter mit N oder n.

Male sie farbig an.

IchgeheindieSchuleundschreibeeineGeschichte.

JedesKindhateinenNamen.

HeuteNachmittagschlafeichgut.

Schreibe die Wörter mit N n in die Zeilen.

So spreche ich den Satz:

Nach der Schule gehe ich nach Hause.

In meiner Muttersprache:

Name: ______________________ **Datum:** ______________________

H h H h

H h H h H h

H H H

h h

Ha Hu Ha

hi he hi he

H h H h

 Haus

 hören

Muttersprache

Muttersprache

Wir wiederholen die Mehrzahl:

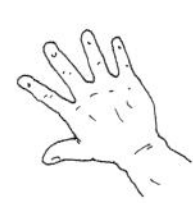 eine Hand

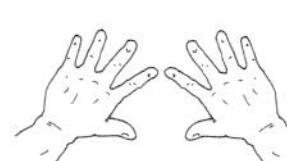 zwei

Muttersprache

Muttersprache

Karola Amberger: Schreiblehrgang: Buchstaben und Wörter – Sekundarstufe I

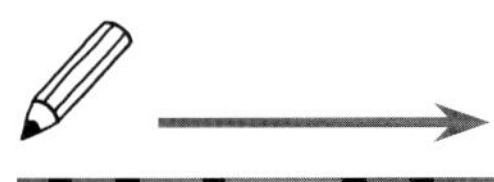

H h H h

das Haus

der Hund

Ich höre gut.

heute

So spreche ich die Reimwörter:

Hand – Sand
Mund – rund
Dose – Rose
Haus – Maus

Schreibe 4 Wortpaare auf.

Haus – Maus	Rose –
Hand –	heute – L
Mund – r	Dose –

Name: ______________________ **Datum:** ______________________

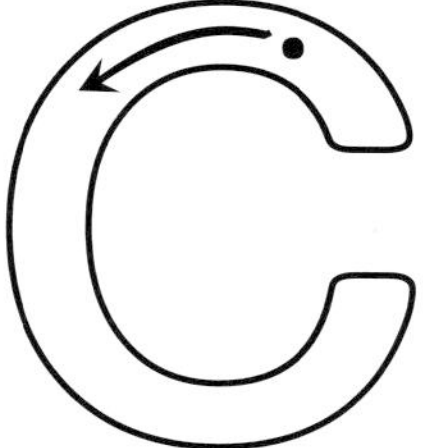
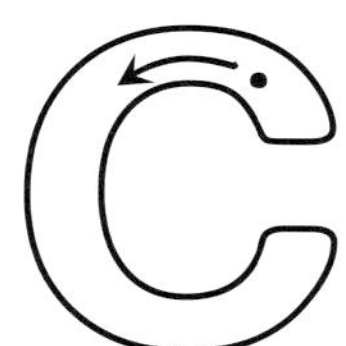

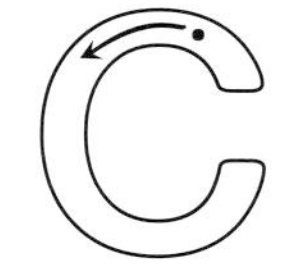

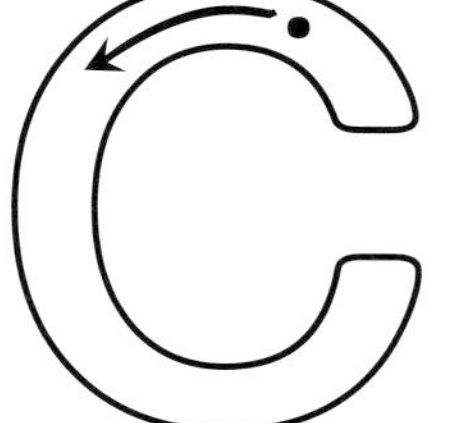
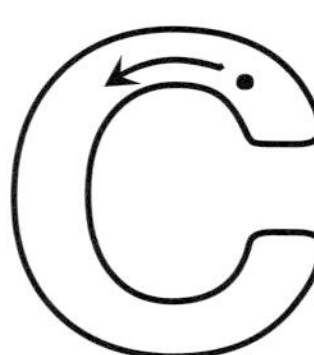

C C C

c c

Co Co Co

ce ca ce ca

C c C c

Vorsicht bei der Aussprache!

Cent

Muttersprache

Computer

Muttersprache

CD

Muttersprache

cremen

Muttersprache

Karola Amberger: Schreiblehrgang: Buchstaben und Wörter – Sekundarstufe I

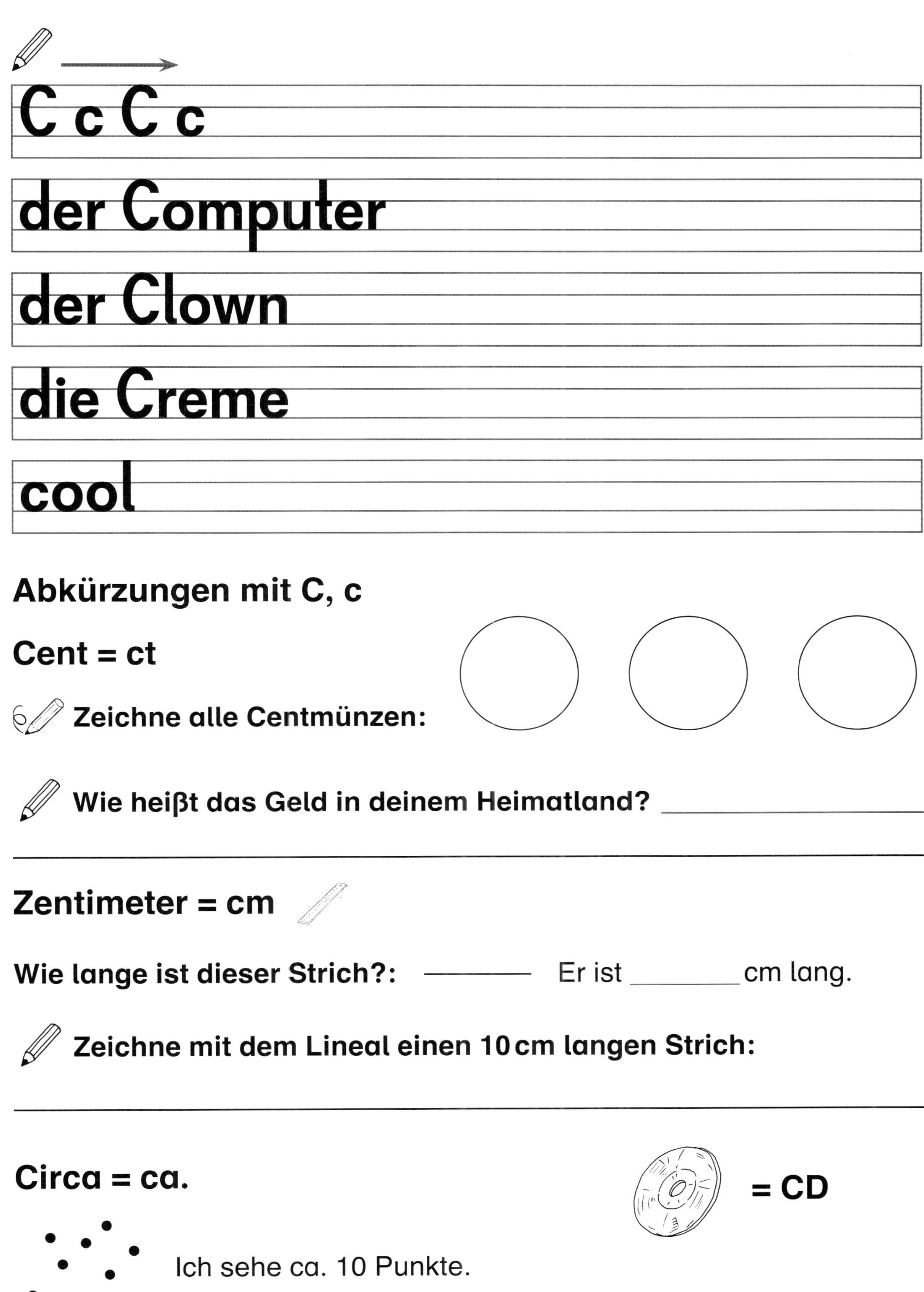

Abkürzungen mit C, c

Cent = ct

Zeichne alle Centmünzen:

Wie heißt das Geld in deinem Heimatland? ______________________

Zentimeter = cm

Wie lange ist dieser Strich?: ________ Er ist ________ cm lang.

Zeichne mit dem Lineal einen 10 cm langen Strich:

Circa = ca.

Ich sehe ca. 10 Punkte.

= CD

____
Muttersprache

Name: ______________________ Datum: ______________________

J j J j J j J j J j J j

J J J

j j

Jo Jo

ja ja

J j J j

Jacke

Joghurt

Muttersprache

Muttersprache

Judo

Jugendlicher

Muttersprache

Muttersprache

Karola Amberger: Schreiblehrgang: Buchstaben und Wörter – Sekundarstufe I

J j J j

die Jacke

Das Judo

jeder

jedes

Ja oder nein?

„Ja" in deiner Muttersprache: ____________

„Nein" in deiner Muttersprache: ____________

Richtig oder falsch?

	Ja	Nein
Der Hund ist blau.	○	○
Cent ist Geld.	○	○
Das Jahr hat 12 Monate.	○	○
Die Maus ist klein.	○	○

Jeder, jedes oder jede?

die Katze – jede Katze

der Igel – jeder Igel  **Finde eigene Beispiele!**

das Kind – jedes Kind

(Tipp: Die Seite mit dem Buchstabe D d hilft dir.)

Name: ______________________ Datum: ______________________

Muttersprache

Muttersprache

Muttersprache

Muttersprache

Karola Amberger: Schreiblehrgang: Buchstaben und Wörter – Sekundarstufe I

L l L l

das Lineal

leer

lachen

laufen

lesen

Welche Kinder aus deiner Klasse haben Namen, die mit „L“ beginnen?

Schreibe sie auf: ______________________

Ordne folgende Wörter nach dem ABC.

Leben, lachen, lustig, locker, links, Luft

1. ______________ 2. ______________

3. ______________ 4. ______________

5. ______________ 6. ______________

Ordne nun die Wörter nach Wortarten.

Tunwörter: ______________________

Namenwörter: ______________________

Wie-Wörter: ______________________

Name: ______________________ **Datum:** ______________

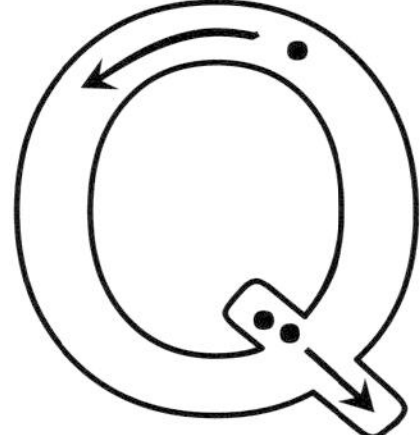
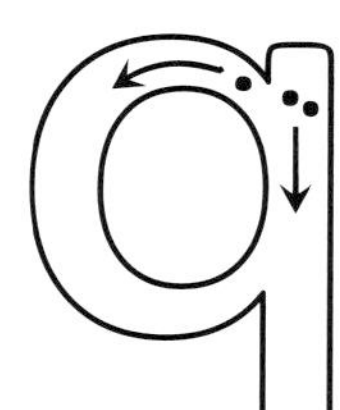
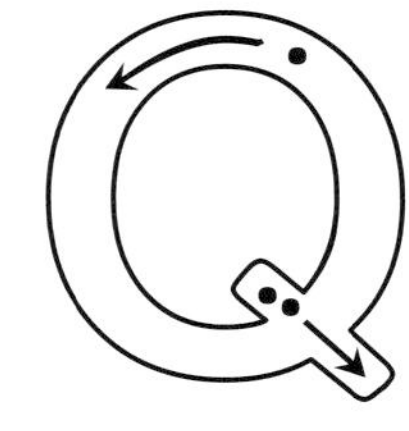
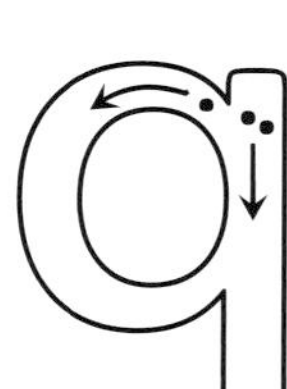

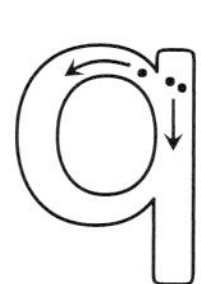

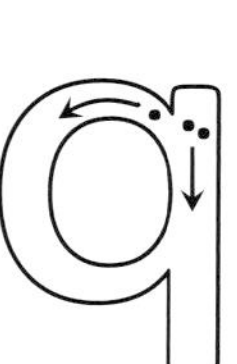

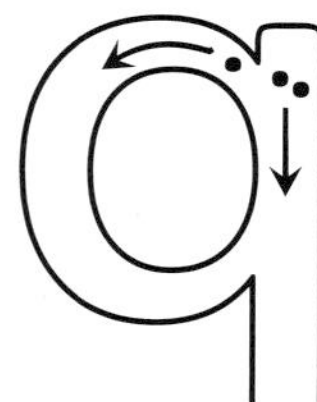

Qu Qu

qu qu

Qu

qu qu

Qu qu Qu qu

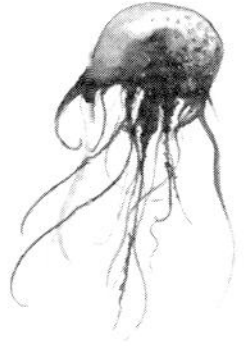
Qualle

Muttersprache

Quelle

Muttersprache

queren

Muttersprache

Quiz

Muttersprache

Qu Qu

die Qualle

das Quadrat

das Quiz

quer

quaken

Ordne nach dem ABC!

quaken, laufen, Joghurt

1. ______ **2.** ______ **3.** ______

Lies und antworte mit „ja“ oder „nein“:

Die Katze quakt. ______ Muttersprache: ______

Der Vogel fliegt. ______ Muttersprache: ______

Jedes Quadrat hat vier Ecken. ______ Muttersprache: ______

Jede Hand hat sechs Finger. ______ Muttersprache: ______

Wir wiederholen:

Abkürzungen:

cm = ______ **ct =** ______

Name: ______________________ Datum: ______________________

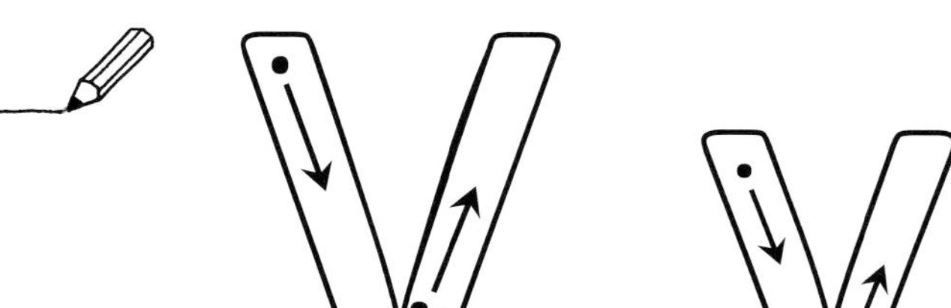
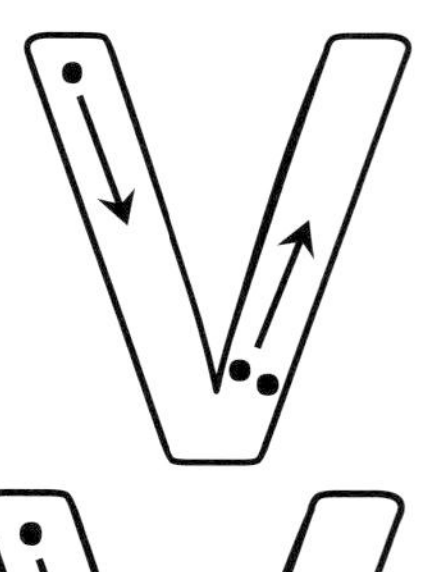
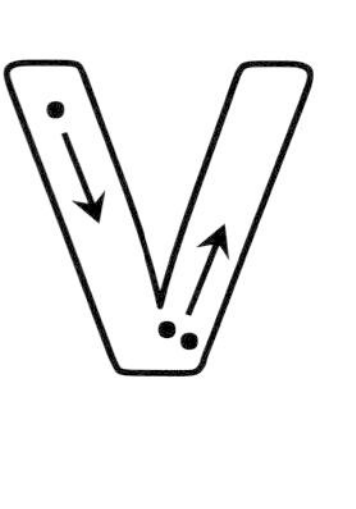
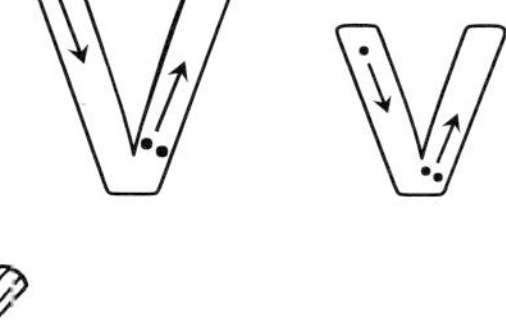
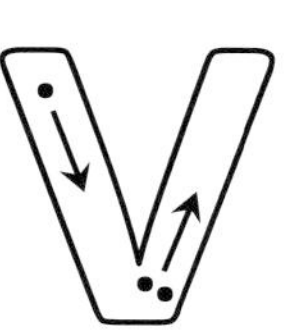
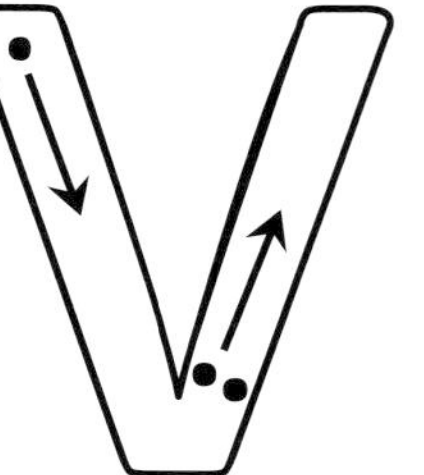
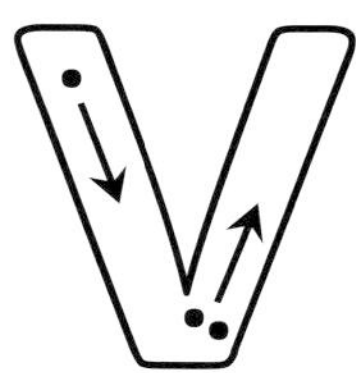
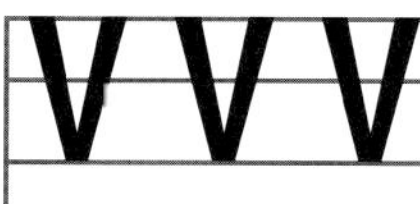

V V V

v v v

Va Vi Va

vo vo

V v V v

Achte auf die Aussprache!

Vogel

Vokal

Muttersprache

Muttersprache

4 vier

Vase

Muttersprache

Muttersprache

Schreibe wie auf der Vorderseite in die Zeilen: →

Die Vorsilbe ver- … und vor- …

Setze Wörter zusammen.

ver- laufen ____
kaufen ____
mieten ____

vor- lesen ____
sagen ____
zeigen ____

Suche Wörter mit der Vorsilbe Ver- … oder Vor- … in deinem Wörterbuch.

Name: ____________________ **Datum:** ____________________

W w W w W w W w

W W W

w w w

Wa Wa

wo wo

W w W w

Wasser

Muttersprache

Wald

Muttersprache

Wetter

Muttersprache

warm

Muttersprache

Wie

Wo

Was

Wann

Warum

Spure die Wörter nach.

Wasser Wort Wald

Wetter wo wann

Welche Wörter kannst du erkennen?

warm Woche Wind

Schreibe diese Wörter noch einmal in die Zeilen:

Name: ______________________ **Datum:** ______________________

X x X x

X x X x X x

XXX

xxx

Xi Xi

Xa Xa

Xx Xx

Xylofon

Hexe

Muttersprache

Muttersprache

Text

boxen

Muttersprache

Muttersprache

Karola Amberger: Schreiblehrgang: Buchstaben und Wörter – Sekundarstufe I

Kleidergrößen

XL = extra groß

XXL = extra extra groß

XS = extra schmal

XXS = extra extra schmal

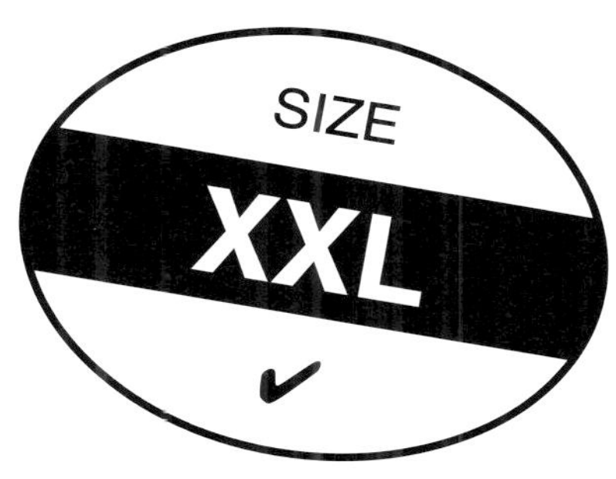

Suche weitere Wörter mit X x in deinem Wörterbuch.

Ich mag extra lange Pommes!

Er schreibt extra schön!

Sie malt mit extra schönen Stiften.

Name: ____________________ **Datum:** ____________________

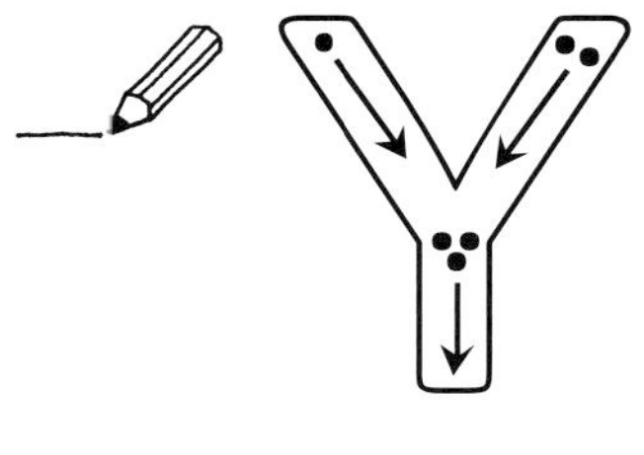
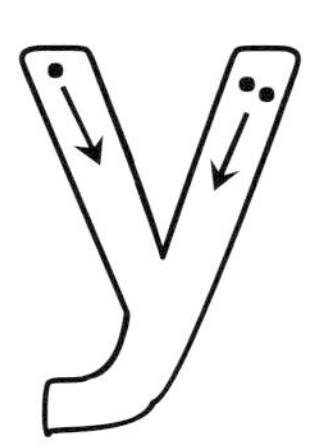
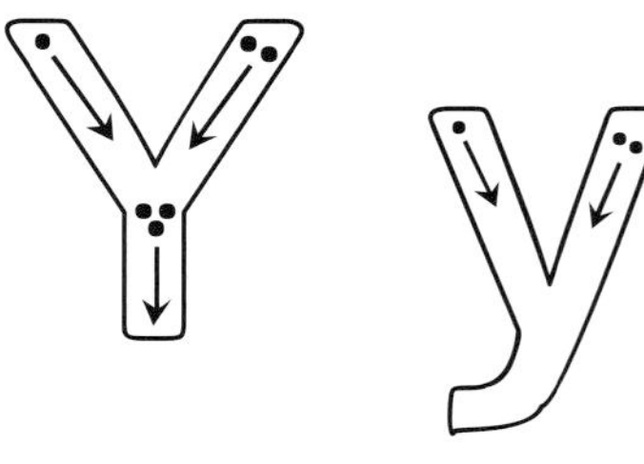
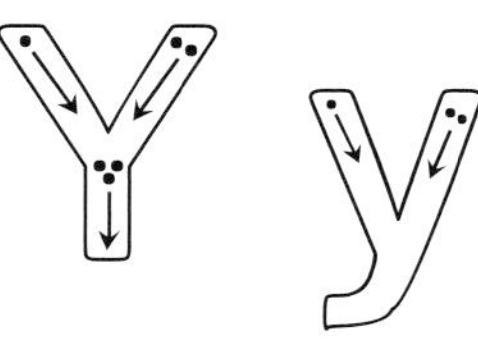
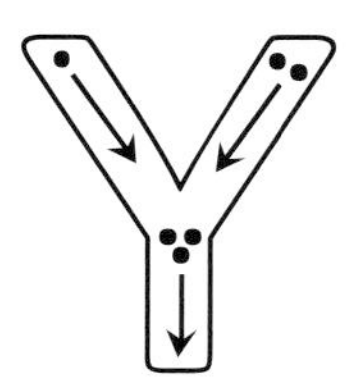
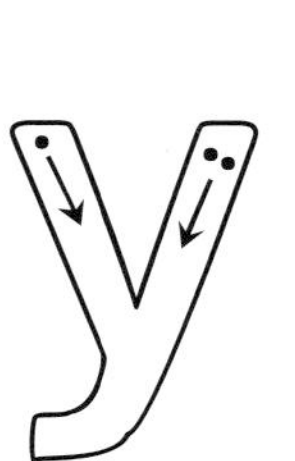
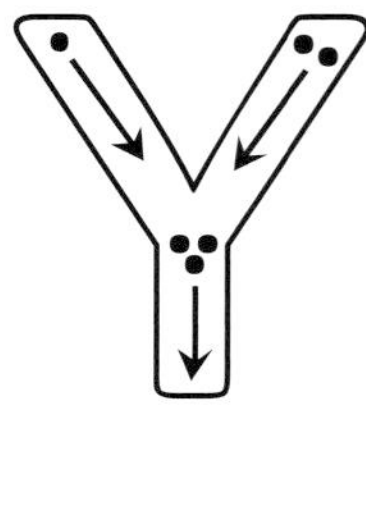
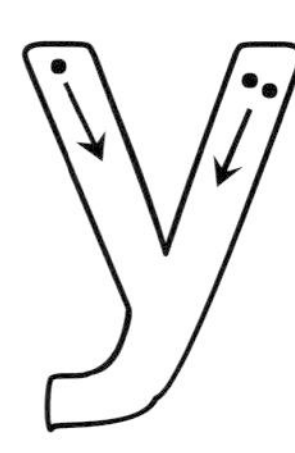

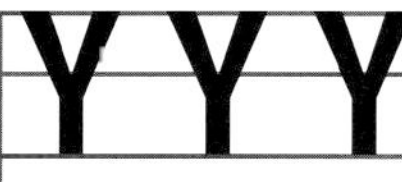

Y Y Y

y y y

Yo Yo

yi yi yi

Y y Y y

Yoga

Muttersprache

Gymnastik

Muttersprache

Ägypten

Muttersprache

Baby

Muttersprache

Die geometrischen Körperformen

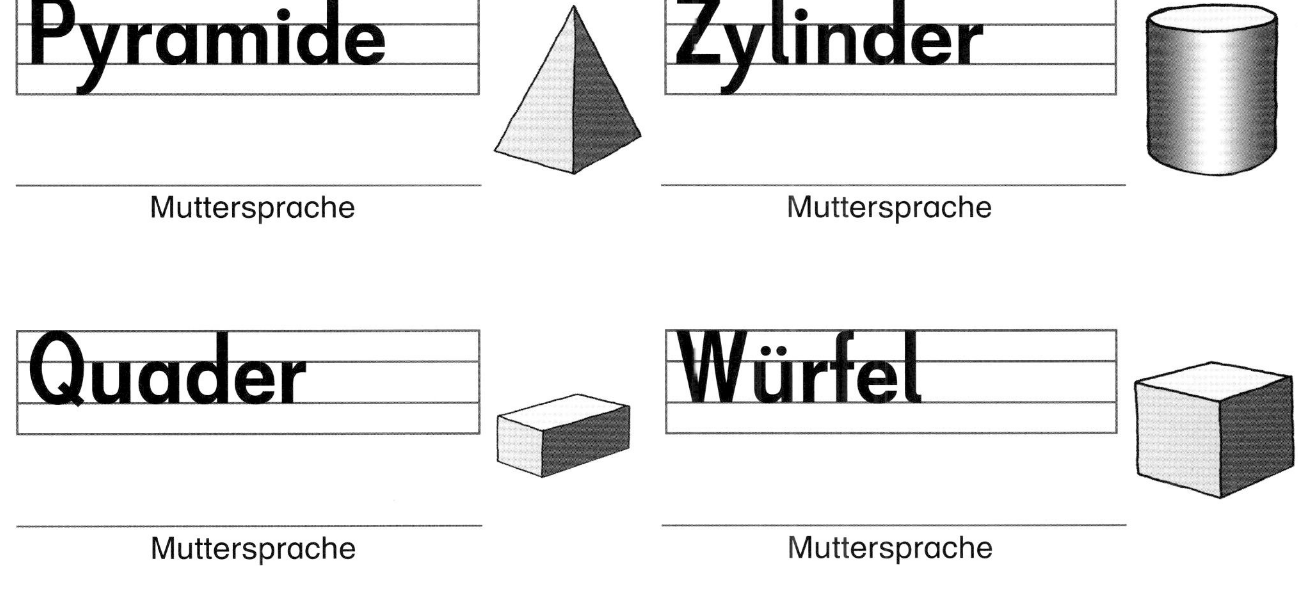

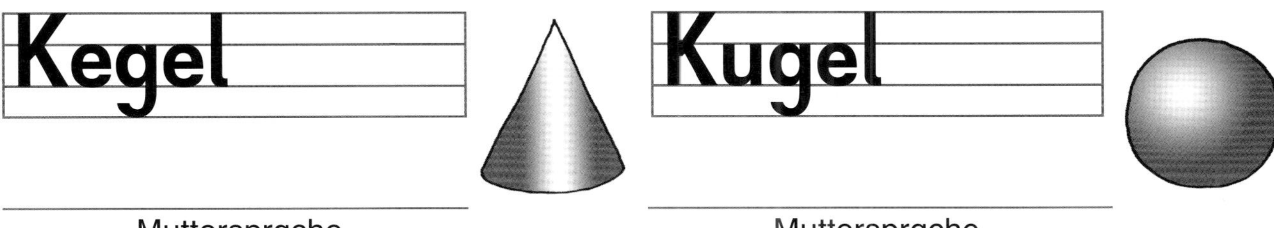

Name: ____________ Datum: ____________

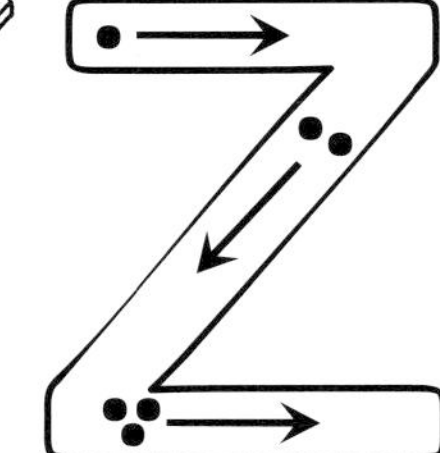
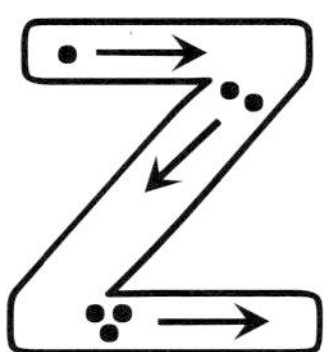
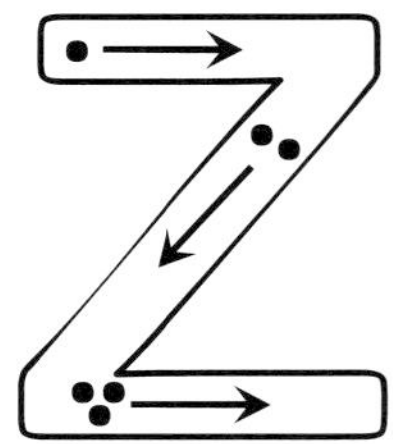
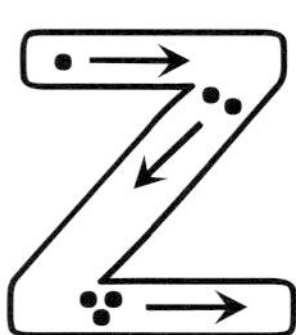
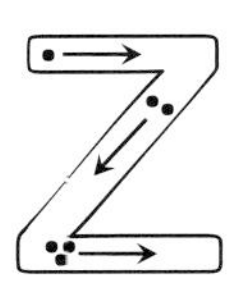

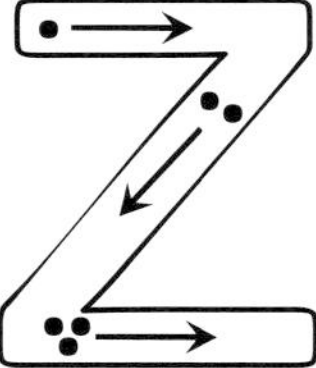

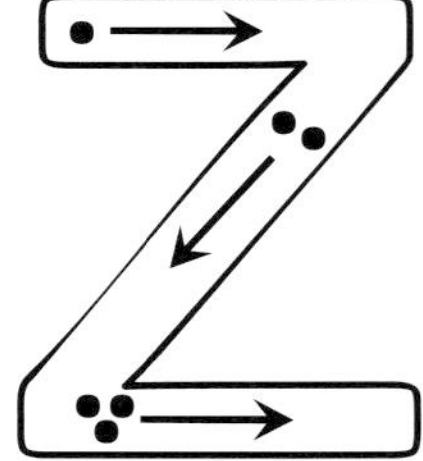
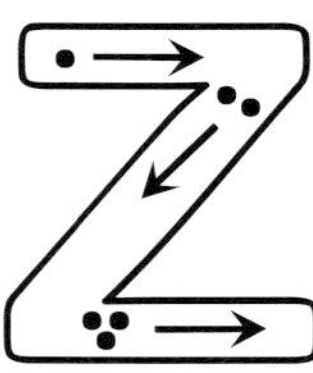

Z Z Z

z z z

Za Za

zu zu

Z z Z

1, 2, 3 Zahlen

Zahn

Muttersprache

Muttersprache

10 zehn

zeichnen

Muttersprache

Muttersprache

Karola Amberger: Schreiblehrgang: Buchstaben und Wörter – Sekundarstufe I

Z Z

z z

Zimmer

Zug

zusammen

Wir wiederholen die Zahlen:

2 zwei

Muttersprache

10 zehn

Muttersprache

20 zwanzig

Muttersprache

40 vierzig

Muttersprache

50 fünfzig

Muttersprache

100 hundert

Muttersprache

Name: ______________________ Datum: ______________________

ß ß ß ß ß ß

ß ß ß

ß ß ß

aß aß

oß oß

uß uß

Straße

Fußball

Muttersprache

Muttersprache

30 dreißig

außen

Muttersprache

Muttersprache

Finde weitere Wörter mit ß in deinem Wörterbuch.

Name: ____________________ **Datum:** ____________________

Kreise alle Namenwörter mit Bleistift ein.

Kreise alle Tunwörter mit Füller ein.

Kreise alle Wie-Wörter mit einem Filzstift ein.

Name: ______________________ **Datum:** ______________

st st st

sp sp sp

st st st

sp sp sp

Stadt

stark

Stuhl

spielen

Spitzer

spannend

Merke:

Ich spreche „scht“ und „schp“ und schreibe „st“ und „sp“.

Name: ______________________ **Datum:** ______________________

ei ei ei ei

ei ei ei

schreiben

Eis

Eier

ein

eine

einer

„ein“ als unbestimmter Artikel

der Mann – ein Mann die Frau – eine Frau das Kind – ein Kind

Setze ein.

der Stift – ______________________

die Tasche – ______________________

die Schere – ______________________

Name: ______________________ Datum: ______________________

au au au

au au au

Auto

aus

sauber

aufpassen

aufmerksam

ausfragen

Maus

laufen

Kreise alle Namenwörter mit Bleistift ein.

Kreise alle Tunwörter mit Füller ein.

Kreise alle Wie-Wörter mit einem Filzstift ein.

Name: ______________________ **Datum:** ______________________

sch sch sch

Schule

schlafen

Fisch

Tisch

In welchen Wörtern hörst du ein „sch“?

Kreise sie ein.

Name: ______________________ **Datum:** ______________________

eu eu eu

eu eu eu

Freude

Freunde

Eule

Europa

Welche Euromünzen und Centmünzen sowie Euroscheine kennst du?

 **Zeichne alle auf und beschrifte sie.**

Name: ______________________ **Datum:** ______________________

Die Umlaute ä ö und ü ⟶

ärgern

öffnen

üben

Tunwörter und Namenwörter gehören zusammen

Schreibe das passende Tunwort dazu! ⟶

die Übung –

die Öffnung –

der Ärger –

Wir bilden die Mehrzahl.

Aus „a“ wird „ä“:

ein Apfel zwei Äpfel eine Hand – viele ______________

Aus „u“ wird „ü“:

ein Stuhl – viele Stühle ein Buch – viele ______________

Aus „o“ wird „ö“:

ein Ofen – viele ______________ ein Dorf – viele ______________

Wortschatztest 1: A a, M m, I i, U u, O o, E e, D d, R r, S s, T t, K k

Name: ______________________ **Datum:** ______________________

1. Schreibe die passenden Wörter zu den Bildern.

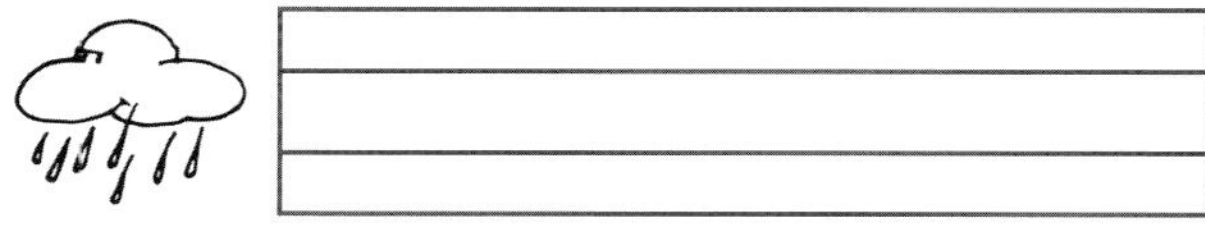

8

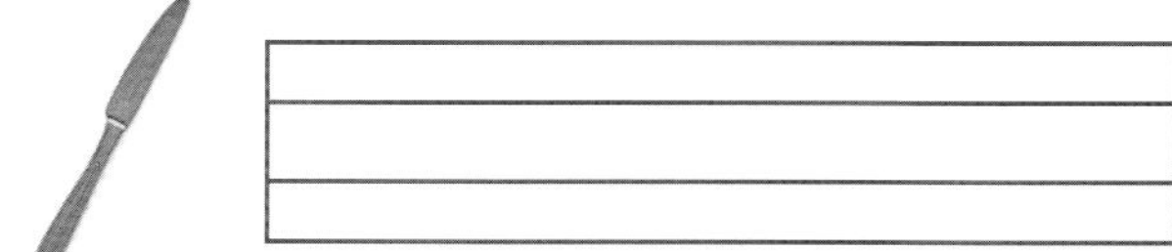

11

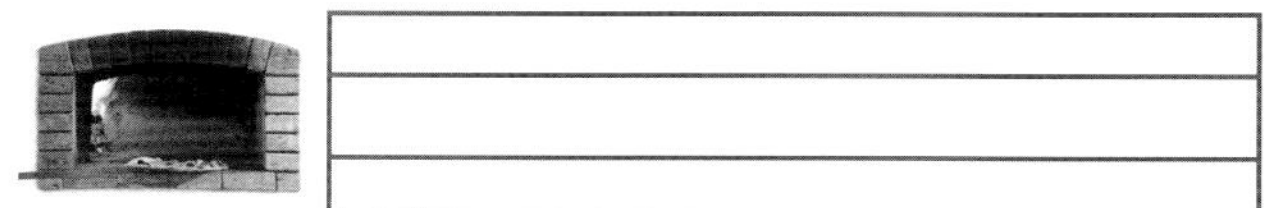

2. Male mit der richtigen Farbe aus.

Male das Kleid rot aus.

Male das Haus blau aus.

Male die Ananas gelb aus.

Name: ______________________ **Datum:** ______________________

1. Schreibe die passenden Wörter zu den Bildern.

2. Verbinde die Silben und schreibe die Wörter.

Na nen

me Ho

ler

se

____

____

____

3. Schreibe die Abkürzungen dazu.

Zentimeter = ______________ Cent = ______________

4. Finde ein passendes Reimwort.

Land – S______________ Hose – D______________

Fisch – ______________ Nase – H______________

Wortschatztest 3: Vv, Ww, Xx, Yy, Zz

Name: ______________________ Datum: ______________

1. Schreibe die passenden Wörter zu den Bildern.

a e i o u

2. Schreibe die Zahlwörter.

2 ____ 10 ____ 20 ____

40 ____ 50 ____

3. Ordne folgende Wörter nach dem ABC.

Hose, Zahl, lachen, warm, Vater

1. ____ 2. ____ 3. ____
4. ____ 5. ____

4. Bilde Tunwörter mit der Vorsilbe ver-...

Vorsicht: Nicht alle Wörter passen!

ver-... schwimmen laufen schreiben rechnen gehen

Karola Amberger: Schreiblehrgang: Buchstaben und Wörter – Sekundarstufe I

Wortschatztest 4: ß, ch, st/sp, ei, au, sch, eu, ä, ö und ü

Name: ____________________ **Datum:** ____________________

1. Schreibe die passenden Wörter zu den Bildern.

2. Richtig oder falsch?

	Ja	Nein
Ist die Maus blau?	○	○
Antwort: Nein, die Maus ist grau.		
Ist der Hund grün?	○	○
Antwort: ____________________		
Hat die Katze zwei Ohren?	○	○
Antwort: ____________________		

3. Ergänze „ein" oder „eine".

________ **Tisch** ________ **Federmäppchen** ________ **Tasche**

________ **Stift** ________ **Tafel** ________ **Heft**

4. Bilde die Mehrzahl.

eine Wurst
– viele ____________________

ein Schrank
– viele ____________________

ein Ofen
– viele ____________________

ein Kamm
– viele ____________________

Überblick über die Buchstaben in Druckschrift mit Schreibrichtung

A a	J j	S s
B b	K k	T t
C c	L l	U u
D d	M m	V v
E e	N n	W w
F f	O o	X x
G g	P p	Y y
H h	Q q	Z z
I i	R r	

Lineatur

Bildnachweis

Seite 6: Barbara Gerth (Apfel, Ananas), Ampel © mouse_md – Fotolia.com

Seite 6 ff.: Julia Flasche (Stift)

Seite 7: Figur mit Buch © ioannis kounadeas – Fotolia.com

Seite 8: Barbara Gerth (Milch, Marmelade), Noten © Franz Metelec – Fotolia.com

Seite 8 ff.: Besteck © diego1012 – Fotolia.com

Seite 10: Barbara Gerth (Smiley), Insel © eyetronic – Fotolia.com

Seite 11: Stefan Lucas (Milch)

Seite 11 ff.: Fides Friedeberg (Stifte)

Seite 12 ff.: Barbara Gerth (Uhren)

Seite 13: Barbara Gerth (Stift, Apfel, Tisch, Birne, Stuhl)

Seite 14: Barbara Gerth (Ohren)

Seite 16: Essen © sattriani – Fotolia.com, Erbse © Leonid Nyshko – Fotolia.com

Seite 16 ff.: Stefan Lucas (Comics)

Seite 17: Barbara Gerth (Erdbeere)

Seite 19: Barbara Gerth (Haus, Mund)

Seite 20: Barbara Gerth (Rock, Radio), Stefan Lucas (Regen, rufen)

Seite 21: Barbara Gerth (Pinsel), Fides Friedeberg (Farbkleks)

Seite 22: Barbara Gerth (Salat, Sonne)

Seite 24: Barbara Gerth (Tisch, Tomate), Wibke Brandes (Tag), Ticket © orelphoto – Fotolia.com

Seite 25: Barbara Gerth (turnen, laufen, springen), Ursula Lassert (gehen)

Seite 26: Barbara Gerth (Kamm, Kleid), kaufen © Minerva Studio – Fotolia.com, krank © Laurentiu Iordache

Seite 27: Barbara Gerth (Sonne), Ticket © orelphoto – Fotolia.com

Seite 28: Barbara Gerth (Brot, Ball, Birne)

Seite 29: Stefan Lucas (baden, bezahlen, bringen)

Seite 30: Barbara Gerth (Fuß), Fisch © by-Studio – Fotolia.com, Fernseher © Cobalt – Fotolia.com

Seite 31: falten © mileswork – Fotolia.com, fliegen © nerthuz – Fotolia.com, fahren © grafikplusfoto – Fotolia.com

Seite 32: Barbara Gerth (Garten), Ursula Lassert (gehen), Eckart Breitschuh (grüßen)

Seite 34: Barbara Gerth (Papier, Pinsel, Partner), Perle © by-Studio – Fotolia.com

Seite 36: Barbara Gerth (Nase), Wibke Brandes (Nacht)

Seite 37: Stefan Lucas (Wörterschlange)

Seite 38: Barbara Gerth (Haus, hören, Hand)

Seite 40: Barbara Gerth (Computer, CD, cremen), Theresa Koppers (Cent)

Seite 41: Barbara Gerth (CD)

Seite 42: Barbara Gerth (Jacke, Joghurt), Judo © Mendelex – Fotolia.com, Jugendliche © yanlev – Fotolia.com

Seite 44: Barbara Gerth (lachen, Lineal), Stefan Lucas (Lehrer)

Seite 46: Barbara Gerth (Quelle), Oliver Wetterauer (Quiz), Qualle © Anna Kutokova – Fotolia.com, queren © beeboys – Fotolia.com

Seite 48: Barbara Gerth (Vogel, Vase)

Seite 50: Mele Brink (warm), Melanie Woike (Wasser), Barbara Gerth (Wald, Wetter)

Seite 52: Barbara Gerth (Xylofon, Hexe, Boxen), Tomas Binder (Text)

Seite 54: Barbara Gerth (Baby), Alexandra Hanneforth (Yoga), Ursula Lassert (Gymnastik), Ägypten © Dan Breckwoldt – Fotolia.com

Seite 55: Claudia Bauer (Kegel, Kugel, Pyramide, Quader, Würfel, Zylinder)

Seite 56: Barbara Gerth (Zahn, zeichnen)

Seite 58: Barbara Gerth (Straße)

Seite 63: Barbara Gerth (Schiff, Schere, Tisch, Stuhl, Tafel), Fernseher © Cobalt – Fotolia.com, Handy © bloomua – Fotolia.com, Uhr © refresh(PIX) – Fotolia.com

Seite 64: Theresa Koppers (Cent)

Seite 65: Barbara Gerth (Apfel, Hand, Stuhl, Buch), Marion El-Khalafawi (Dorf), Ofen © tostphote – Fotolia.com

Seite 66: Barbara Gerth (Kleid, Haus, Ananas, Kamm), Ofen © tostphote – Fotolia.com, Stefan Lucas (Regen)

Seite 67: Barbara Gerth (Jacke, Computer, Hand, Nase, Lineal, Ball)

Seite 68: Barbara Gerth (Zahn, Hexe), Melanie Woike (Wasser)

Seite 69: Barbara Gerth (Apfel, Stuhl, Wurst, Schrank, Kamm), Thomas Binder (Text), Theresa Koppers (Cent)